ISHI

ISHI

El último de su tribu

Theodora Kroeber

Traducción de Antonio Desmonts

Antoni Bosch editor

Antoni Bosch editor, S.A.U.
Manacor, 3, 08023, Barcelona
Tel. (+34) 93 206 07 30
info@antonibosch.com
www.antonibosch.com

Título original: *Ishi in Two Worlds*

© Theodora Kroeber, 1964
© de la traducción: Antonio Desmonts
© de esta edición: Antoni Bosch editor, S.A.U., 2021

ISBN: 978-84-122443-1-1
Depósito legal: B. 11890-2021

Diseño de la cubierta: Compañía
Maquetación: JesMart
Corrección de pruebas: Olga Mairal
Impresión: Prodigitalk

Impreso en España
Printed in Spain

Índice

Nota de la autora

Ishi, el último de su tribu es una historia tomada de la historia. Ishi fue un indio americano nacido en 1861 o 1862. Su tribu era la yana y sus padres pertenecían a los yana más meridionales, que se autodenominaban yahi.

Los yana vivían en las laderas occidentales de Mount Lassen, al norte de California. Eran viejos en el lugar, habiendo vivido allí sus antepasados desde hace tres o cuatro mil años o más. Antes de ellos aquella tierra no pertenecía a nadie; ellos fueron sus primeros hijos.

La quimera del oro de California llevó al país de los yana a los primeros europeos u hombres blancos, doce años antes de que Ishi naciera. En la época en que tenía diez años, los yana habían muerto a manos de los invasores blancos o habían sido expulsados de sus hogares. Sólo quedaron el joven Ishi y un puñado de yahi. Ignorados por los hombres blancos, se ocultaron en los cañones de los ríos Mill y Deer, viviendo como pudieron a la antigua manera yahi.

En 1908 el personal de una empresa eléctrica descubrió su aldea; y en 1911, en el corral de un matadero a las afueras de Oroville, fue encontrado Ishi, el último superviviente de su pueblo.

El «watgurwa-museo» de Ishi es el Museo de Antropología de la Universidad de California; entonces estaba en Parnassus Heights de San Francisco, cerca de la Escuela de Medicina. Allí murió Ishi en marzo de 1916.

Ishi vivió el tiempo suficiente para dejar testimonio de cómo eran los yana. Los hombres blancos sabemos ahora cómo vivía el pueblo de Ishi; quiénes eran algunos de sus Dioses y Héroes; cómo era su lengua, en el habla coloquial y en las fábulas y las canciones; y un poco de su manera de ser y comportarse así como del valor de los yahi, y del Camino yahi. Este libro trata de rememorar la vida de Ishi, el viejo Mundo de los Yahi y el mundo del hombre blanco, visto por los ojos de Ishi.

«Muchas lunas después […] quienes vivan
en mundos lejanos podrán leer y saber cómo hablaba
el Pueblo y quiénes eran sus Dioses y sus Héroes,
y cuál era su Camino.»

Las estaciones de la luna

Las brumas matinales, blancas y quietas, llenaban el Cañón de Yuna, pegándose a las rocas y a los matorrales, y a las casas redondas y cubiertas de tierra de la aldea de Tuliyani. De los fuegos de las casas sólo quedaban cenizas; no salía humo por las chimeneas.

En la casa de los hombres dormían tres adultos y un muchacho. Cada uno de ellos estaba liado en una manta de piel de conejo; sólo el pincel de largos cabellos negros de un extremo del cilindro los distinguía de cuatro troncos de aliso envueltos. Cerca, en la casa familiar, dormían también dos mujeres y una muchacha arropadas de pies a cabeza en pieles de conejo.

El muchacho, Ishi, despertó. Se liberó lentamente del estuche de piel de conejo y, sin despertar al Tío Mayor, al Abuelo ni a Timawi, trepó por el poste que servía de escalera y salió por el agujero del humo. Dejándose caer al suelo, avanzó silencioso como un fantasma, sobrepasando la casa donde dormían su madre, su abuela y su prima, y se metió entre los árboles de más allá del poblado.

Ishi no tomó el sendero largo y tortuoso que salía del cañón; se arrastró a gatas bajo los matorrales húmedos, y luego ascendió por una muralla de rocas verticales que era un atajo para llegar a la cima. Desde allí, siguió colina arriba por el sendero junto al borde, lo que le condujo a la Roca Negra. La Roca Negra se erguía a tres veces la altura de un hombre, pulida y brillante, solitaria y distinta. Agarrándose con manos y pies a los líquenes que crecían en su resbaladiza superficie, Ishi subió a la roca. Arriba, la suave depresión horadada por el agua constituía un lugar desde donde podía ver el tortuoso sendero y todos los alrededores sin ser descubierto. Este era el lugar secreto de Ishi. Nunca decía nada al Tío Mayor ni a la Madre sobre sus idas a la Roca Negra.

Les preocuparía y ya tienen muchas preocupaciones.

Tushi, la prima de Ishi, no estaba enterada de sus idas a la Roca Negra. *Es menor que yo y hay ciertas cosas que no se deben contar a una chica.*

Sólo Timawi sabía que Ishi iba a la Roca Negra. *Timawi es mayor que yo y tiene su propio lugar secreto. Así es como deben ser las cosas de los Wanasi, los Jóvenes Cazadores, de la aldea.*

Cuando Ishi y Tushi estaban juntos hablaban de muchas cosas y reían, y Tushi hacía muchas preguntas. El día anterior, ella preguntó: «¿Quiénes son los saldu?»

Ishi respondió: «Son los rostros pálidos que cazan ciervos en nuestras praderas y cogen salmones en nuestros ríos».

«¿Por qué no cazan y pescan en sus praderas y en sus ríos?»

«Creo que no tienen; tal vez tuvieron que dejar sus tierras.»

«¿Por qué tuvieron que dejarlas?»

«Primita, no sé decírtelo.»

La Madre no quiere que cuente muchas cosas de los saldu a Tushi. Dice que Tushi es demasiado joven para hablar de eso.

Más allá de la Roca Negra, el tortuoso sendero atravesaba las praderas y luego iba subiendo y subiendo por el monte Waganupa. Del Waganupa fluían dos riachuelos, el Riachuelo de Yuna al norte y el Riachuelo de Banya al sur. Estos riachuelos excavaban cañones en la tierra, con promontorios, colinas, llanos y praderas entre ambos. Este era el mundo de Ishi, el Mundo del Pueblo Yahí.

Le gustaba sentarse en la Roca Negra, como el Dios Jupka se había sentado en el Waganupa en los Viejos Tiempos, y ver disiparse las brumas de la mañana. Poco a poco, podía ver hacia el este y hacia el sur y hacia el norte; incluso podía ver una porción del lejano Gran Valle y del Río Dahz, que le parecía una ristra de asclepias, con curvas y nudos, extendida sobre el fondo del valle.

El sol se elevó por encima del Waganupa, deshaciendo los restos de bruma blanca. Un pájaro carpintero graznó en un pino alto, yagka yagka; entre la maleza, una codorniz dijo sigaga sigaga; y en el fondo del cañón susurraba el Riachuelo de Yuna. Pero Ishi aguardaba otro ruido. Pronto lo oyó: Pii-PIIII-pi.

Alzándose sobre las manos, vio el Monstruo que aparecía a la vista junto al Río Daha, seguía el río durante un corto tramo y se perdía al volver un recodo. Así había sucedido cada salida y cada puesta de sol hasta donde alcanzaba la memoria de Ishi. El Monstruo era negro, con un cuerpo negro parecido al de las serpientes. La cabeza echaba humo y este humo quedaba colgando del aire, a sus espaldas, mucho tiempo después de haberse ido.

El Monstruo solía darme miedo. Estaba convencido de que iba a venir al Cañón de Yuna y a Tuliyani. Pero Madre decía que no, que era de los saldu y nunca salía del valle del río. Cuando digo a Tushi: «Se oye desde muy, muy lejos», ella dice: «Tiene un sonido melancólico».

A veces Ishi sueña con el Monstruo. En un sueño, salía de las colinas vecinas e iba al valle, donde lo veía desde cerca. No contó a nadie este sueño.

Yo no sé si es un Sueño de Poder o un sueño sin significado. El Abuelo dice que los Sueños de Poder los envía un Dios o un Héroe por razones que pueden ser incomprensibles durante muchas lunas. Esta clase de sueño puede conferir un día el poder de curar una enfermedad o de convertirse en un gran cazador, si uno demuestra merecerlo.

¡Yo demostraré que lo merezco! El adorno de mi nariz toca el del Abuelo cuando estamos juntos. Cuando la luna haya dado otras cuantas vueltas, tocará el del Tío Mayor. Este invierno cazaré con arco e iré a las altas colinas a ayunar y rezar. ¡Recobraré mi sueño!

Un pequeño lagarto, llamado kaltsuna, se soleaba junto a Ishi. Ishi sonrió al verlo hinchar y vaciar el pecho y levantar y bajar el cuerpo sobre las patas cortas y torcidas. «Vaya, sabes mi secreto, Hermanito», le habló Ishi. «¿A ti también te gusta ver el Monstruo?»

Frotó suavemente la cabeza verde y el dorso escamoso con una brizna de hierba. El kaltsuna se mantuvo quieto, los ojos cerrados. «Pronto, una noche llegará de la montaña el Viento del Norte, trayendo la lluvia y la nieve al cañón. Tú encontrarás un sitio seco bajo alguna piedra y nosotros nos pondremos cerca de nuestros fuegos en Tuliyani hasta que el Año Nuevo traiga el trébol verde y el salmón de primavera.»

¡Pero tengo que cortar una rama de enebro para hacerme el arco! Ishi se palpó el estómago vacío. *¡Su, su! ¡Tengo hambre!*

Ishi iba a dejarse resbalar por la Roca Negra abajo en el momento en que el cloc-cloc de un caballo, de dos, de tres caballos le llegó al oído. Apretando los codos y los talones contra la roca, volvió a subir a su sitio oculto. Los caballos bajaban por el sendero que habían hecho los saldu atravesando el Mundo de los Yahi, desde el Waganupa, siguiendo el promontorio entre los cañones, hasta descender al Gran Valle. Ishi pudo ver primero un saldu, luego otro. Cabalgaban en dos de los caballos y el tercer caballo llevaba un ciervo de montaña sobre la albarda.

Es uno de nuestros grandes ciervos –de la Pradera Alta–, deben de haber pasado la noche allí y haberlo cogido al amanecer.

Los saldu se detuvieron, desmontaron y avanzaron a pie hacia la Roca Negra. Ishi sabía que no era visible desde el sendero ni desde la maleza –Timawi se había asegurado de eso cuando Ishi comenzó a ir allí–, pero ahora, asustado, se apretaba fuerte contra la piedra. No debía hacer ruido; debía ver lo que hacían los saldu debajo de él, en la maleza. Entonces, movido por una súbita idea, se puso la mano en la boca para impedir que saliera ningún ruido. ¡Se acordó de la trampa de lazo que había colocado a no muchos arcos de distancia de la Roca Negra!

¡Aii-ya! ¿Qué pasará si caen en mi trampa? Inclinándose mucho por el borde de la roca, mirando entre las hojas del lugar donde sabía que estaban los saldu, dijo en un susurro apagado:

Que las raíces de la manzanita cojan vuestros pies
    Y os derriben.
Que las espinas del chaparral os desgarren las ropas
    Y os agarren.
Que los zumaques os golpeen en el rostro
    Para que no veáis dónde ponéis los pies.

Uno de los saldu cortaba la maleza con un cuchillo largo y curvado mientras el otro trataba de revolver la tierra endurecida con un pico. Un arbusto de bayas saltó de raíz y fue lanzado por los aires, cayendo, sin que lo viera nadie excepto Ishi, encima de un grupo de manzanitas. Pudo ver su trampa y el lazo enredado entre las ramas del arbusto, y suspiró aliviado.

La Oración de la Maleza es poderosa. No encontrarán esa trampa; y nunca, nunca pondré otra ahí. Buscan el tesoro brillante, pero no encontrarán nada en la Roca Negra.

Los dos saldu estaban sudando; las ropas se les enganchaban y rasgaban en las espinas; el pico no hacía mucho más que arañar el suelo endurecido; no encontraban nada. Finalmente se rindieron, regresaron a sus caballos y, volviendo a montar, se perdieron de vista por el sendero.

Ishi se deslizó abajo de la Roca Negra, desenredó su trampa y echó a correr con soltura entre la maleza hacia Tuliyani. *No hablaré de esto, en la casa de los hombres ni en la casa de la Madre. Pero debo decírselo a Timawi y veré lo que él dice.*

Sólo cuando tuvo su casa a la vista se le pasó el susto. El olor de la madera quemada y de las bellotas estaba en el aire. Fue al hoyo del fuego, donde la Madre hacía una cesta de gachas de bellotas. El estómago le dio retortijones de hambre. Olfateó el buen olor y observó la masa hirviente. Pukka pukka pukka, repetía la masa ahuecándose en pequeños montículos sobre las piedras calientes de la cesta y luego estallaba haciendo ¡paf! Pukka pukka.

La Abuela y el Abuelo estaban sentados junto a la Madre, y el Tío Mayor y Timawi iban camino del hoyo del fuego desde el watgurwa, la casa de los hombres. Ishi corrió hacia el riachuelo, en busca de Tushi. La encontró subiendo el sendero del riachuelo con dos cestas de agua fresca. Ella sonrió al verlo.

«Has estado en alguna parte para ver al Monstruo, ¿no es verdad? Yo me he ondulado el pelo, yo sola, mirándome en el agua.»

Ishi asintió con la cabeza. «Como el somorgujo. Se mira en el agua para arreglarse el collar y admirarse.»

Ishi cogió una de las cestas y corrieron al hoyo del fuego de la Madre, procurando no derramar el agua. Viéndolos, la Madre dijo al Tío Mayor, que acababa de sentarse a su lado: «Son iguales, los jóvenes primos».

«Son como hermano y hermana. Los crías bien, Cuñada. Tehna-Ishi es ahora medio hombre, medio muchacho; es cazador y soñador; eso se ve en sus ojos.»

«El hijo es como el padre.» La Madre miró a su hijo. Él tenía el pelo cepillado y sujeto en el cogote con una tira de piel de ciervo; su cinto de ciervo era suave y nuevo; llevaba el juego de adornos de las orejas y de la nariz que le había hecho el Abuelo.

La Madre miró a Tushi y le dolió en el corazón que los padres de la Pequeña estuvieran con los Antepasados y que, por culpa de los saldu, su vida fuese a ser dura o no fuese a ser vida siquiera. La Madre dijo al Tío Mayor: «Es una dambusa, bonita y dulce».

Dijo el Tío Mayor: «Sus mejillas son rojas como las bayas del toyón, de tanto correr, queriendo mantenerse a la par del muchacho, que es mucho más alto».

Tushi se sentó entre la Madre y la Abuela. La Madre dijo para sí: «La Abuela la ha enseñado a sentarse de forma que el fleco de la falda haga un círculo de pétalos castaños a su alrededor».

La Madre llenó los cestitos con gachas que iba sacando de la cesta de guisar. Sirvió primero al Tío Mayor porque era el Majapa, el Jefe; luego al Abuelo, a la Abuela, a Timawi, a Ishi y a Tushi. En último lugar llenó su propia cesta. Ishi observó el cucharón de madera en la mano de la Madre, yendo y viniendo de la gran cesta redonda a las pequeñas en forma de bellota.

Él y los demás esperaron hasta que el Tío Mayor probó el calor de las gachas y luego hundió los dos primeros dedos en la mano derecha, en señal de que podían comenzar a comer. El primer bocado sabía tan bien que casi lastimó a Ishi. No se había dado cuenta de que estaba frío hasta que los dedos se le calentaron alrededor de la cesta que sostenía en la mano. No supo lo hambriento que estaba hasta que el estómago empezó a sentirse a gusto y lleno.

Se preguntó si habría bastante comida en los almacenes para proteger del hambre al Pueblo de Tuliyani durante todo el invierno. Bajó la cara y volvió a oler el buen olor de las bellotas: caliente, un poco amargo, como la tierra húmeda, como la pinaza.

No hablaron mucho hasta que las cestas fueron vueltas a llenar por dos veces. En el silencio, Ishi se sentía lejos de los otros. En la Roca Negra, sus pensamientos se habían dispersado desde la cima del Waganupa hasta el Monstruo; debía intentar centrar sus pensamientos. Miró a su madre y a los demás que rodeaban el hoyo del fuego.

La Madre es más baja de lo que era. Yo soy más alto que ella, mucho más alto. Su voz es suave como la del gran pato gris que sólo aparece en las lunas de la cosecha. Dice sho, sho, sho. La Abuela contó a Tushi que fue mi padre quien puso a la Madre el nombre de Wakara –Luna Llena– porque, decía él, se mueve con tanto sosiego como la luna. Cuando mi padre estaba aquí, creo que ella se reía más.

La Abuela ríe casi tanto como Tushi. Su cara y la del Abuelo están llenas de arrugas. Es bueno tener Ancianos junto al fuego; ríen y cantan y cuentan historias, y entonces nos olvidamos de los saldu.

El Tío Mayor decide dónde podemos cazar y pescar y cómo evitar que los saldu nos encuentren. No cede a la ira ni a los malos pensamientos; y cuando sonríe creo ver a mi padre.

Timawi es de la aldea de Bushki; es la única persona de Tuliyani que está triste. En Bushki, los cazadores miraban hacia el monte Waganupa, que está cerca de esa aldea. Mi madre procede de Gahma, en el Riachuelo de Banya, y mi padre de Tres Lomas, en el Riachuelo de Yuna. Ellos y sus gentes miraban hacia el agua; eran gentes del salmón. Timawi dice algunas palabras de forma diferente a como las dice mi madre. Él cambia de una luna a otra. Una luna me enseña a disparar y a saltar; la siguiente se mete en la oscuridad del watgurwa y sus pensamientos también son oscuros. Deseo que el Tío Mayor pueda ayudarlo a olvidar su tristeza.

Tushi es más pequeña que yo. Yo he aprendido en el watgurwa que no está bien hacer un arco de caza ni disparar a un ciervo en compañía de una chica. Tushi me sigue a todas partes donde voy si la Madre le dice que puede. Ríe y los rizos del pelo le caen por la cara y luego por la espalda. Ahora está sentada cerca de la Madre y sostiene su cesta igual que la sostiene la Madre. Se pone seria cuando remueve la masa en la gran cesta de guisar con la paleta larga de la Madre.

El Tío Mayor dice que este invierno dormiré todas las noches en la casa de los hombres con él, Timawi y el Abuelo… Me llevó a dormir allí por primera vez cuando el salmón ascendió por el Riachuelo de Yuna. Han pasado trece veces las lunas desde que nací. ¡Trece! Es hora de que corte el enebro para mi arco de caza.

El Tío Mayor pone su cesta de gachas en una roca y se dirige a la Madre. «Pronto tendremos las lunas de invierno. Timawi y yo pondremos hoy una nueva cubierta de tierra a vuestra casa y al watgurwa.»

«Eso está bien. La Abuela y yo nos aseguraremos de que las tapaderas de las cestas estén firmes y de que todo esté donde se mantenga seco… Es hora, Hermano Mío, de celebrar la Fiesta de la Cosecha.»

«Sí, sí. Eso supongo…»

«¡Celebraremos la Fiesta! ¿Van a crecer mi hijo y su prima como esos Gordos, de estómagos llenos y pocos recuerdos, sin saber nada de la Fiesta de la Cosecha?»

«Tienes razón, Esposa de Mi Hermano», respondió apaciblemente el Tío Mayor.

La Madre se refiere al Pueblo del Valle que deja a los saldu coger su tierra y no nos presta ayuda cuando luchamos contra ellos… El Tío Mayor quizás esté pensando en las grandes Fiestas de los Viejos Tiempos.

Había terminado la primera comida del día. Tushi y la Abuela eran quienes fregaban las cestas y les gustaba limpiarlas antes de que se endureciera la masa pegajosa. Codo con codo, restregaban y charlaban.

«¿Por qué no tiene Fiesta de la Cosecha la Gente del Valle?»

«Cuando el Pueblo del Valle renunció a su tierra, olvidó también muchas cosas del Camino.»

«Los saldu cazan y pescan. ¿Por qué no tienen Fiesta de la Cosecha?»

La Abuela cambió de conversación. «Las cestas están limpias», dijo después de mirarlas por dentro y por fuera. «Ponlas ahí en las piedras a secar. No, en fila, como cuando están en el estante de la Madre. Ahora ven aquí a que te arregle el pelo. No haces la raya derecha.»

Tushi se estuvo quieta mientras la Abuela le soltaba el pelo, lo dividía derecho por la mitad y volvía a sujetarlo, atándolo con lazos de piel de nutria. «¡Ahora está mejor!», dijo.

«Hablando de los saldu: no tienen Fiesta de la Cosecha porque quienes cogen la comida de otros sin pedirla y sin educación no dan gracias por la comida.

»Allá en los Viejos Tiempos, los Dioses y los Héroes celebraron una Primera Fiesta y dijeron al Pueblo Yahi que hiciera una fiesta así cuando brillara sobre la tierra la última luna de la recolección. Es una época de comer, cantar y danzar. Es una buena época. Nos hace pensar en los Dioses y en el Camino que ellos nos dieron.

»Y ahora tienes que coger tu cesta y tu palo de cavar y no hacer más preguntas hasta que el Sol se haya ido debajo de la tierra y vuelva a levantarse sobre las montañas una vez más.»

Timawi e Ishi salieron del watgurwa a la mañana siguiente bajo la luz de una de las últimas lunas de la cosecha. En cuanto estuvieron en el monte, lejos de la aldea, Ishi contó a Timawi lo de los saldu del día anterior.

Timawi dijo: «Hiciste bien en no decir nada de eso al Tío Mayor. Podría prohibirte que fueras a la Roca Negra. Nosotros, los Wanasi, somos quienes tenemos que vigilar al enemigo fuera del cañón. Es necesario no decir todo lo que vemos, o hacemos, mientras no nos dejemos ver por el enemigo y mientras no encontremos al enemigo en lugares donde la Madre, la Abuela o Tushi puedan ir alguna vez».

Timawi movió la cabeza en el lugar de la trampa de lazo. «No sabía que ponías trampas tan cerca del sendero; no pongas trampas ni redes cerca de los caminos que utilizan los saldu. Una red les diría que aún vive alguien del Pueblo. Buscarían hasta encontrarnos; destruirían la última aldea y a los últimos del Pueblo, como destruyeron a los demás.»

Ishi escuchó todo lo que decía Timawi. *El Tío Mayor y el Abuelo dicen que Timawi es un wanasi fuerte, un buen cazador, y yo quiero ser como él.*

Timawi e Ishi avanzaban rápida y silenciosamente por el monte. Estaban acostumbrados a ir juntos en busca de tesoros, a explorar cuevas y a cazar piezas pequeñas de una a otra punta del cañón. Hoy rastrearon las huellas de los saldu del día anterior, siguiéndolas hasta donde habían levantado un campamento al borde de la pradera.

Timawi dijo: «Es fácil rastrear al enemigo. El cuero rígido en que envuelven los pies deja huellas difíciles de recubrir y sus cuadrúpedos tienen los pies distintos a los de los animales del monte». Buscaron entre las cenizas de la fogata y por el suelo donde los saldu habían comido y dormido. No había ningún tesoro, sólo las acostumbradas latas vacías y algunos trozos de trapo y de papel.

Continuaron hasta un bosquecillo de viejos enebros a los pies del monte Waganupa. Allí Ishi examinó cada árbol, eligiendo finalmente una rama para su nuevo arco. Era derecha y fuerte; la madera no era demasiado nueva ni demasiado vieja, y tenía el espesor adecuado. Timawi, que a estas alturas había hecho varios arcos de caza, asintió cuando Ishi se la enseñó. «Aiku tsub» —es buena—, dijo.

Ahora tenían que separar la rama del árbol. Se turnaron en el trabajo y en vigilar por si aparecían los saldu, que podían estar cazando en algún lugar cercano. Para quitar la rama, la cortaron un poco, la doblaron un poco, cortaron y rasparon aún más profundo, la doblaron un poco más, una y otra y otra vez, hasta que al fin, sin desgarro y sin ruido, quedó limpiamente separada. Sus únicas herramientas eran cuchillos y raspadores de piedra y obsidiana. No dieron golpes, lo que hubiera sido más rápido y más fácil. El Abuelo los había advertido: «Donde hay ruido de golpes hay un bípedo. Nosotros lo sabemos; los saldu lo saben».

El sol había pasado el punto más alto del cielo e iniciaba su trayecto descendente antes de que la rama estuviese suelta. Pero, como dijo Timawi, «Lo hemos hecho sin otros ruidos que el frotar y el chasquear de las ramas que hace el viento».

Para Ishi, la rama ya se parecía al arco. La dejó con cuidado en el suelo, bocarriba, como se deja el arco; y cuando partieron de regreso la llevó en su aljaba, bocarriba, como se lleva el arco.

Dijo Ishi: «Cuando tenga mi nuevo arco de caza, podremos ir a cazar al Waganupa».

«Sí, y cuando seamos dos, te enseñaré a cazar el oso como vi hacerlo en Bushki. Además pensaremos en la forma de impedir que el enemigo coja nuestros ciervos de la Pradera Alta... Mañana el Tío Mayor y yo cogeremos nuestros mejores arcos. Quizá vayamos a cazar a la montaña.»

«Luego deberás contarme todo lo que hagáis en esa cacería... La Madre quiere que mañana vaya con Tushi a buscar las muchas cosas que se necesitan para el trabajo de invierno de su casa; Tushi no puede sacar las pesadas raíces de los pinos; y no puede acarrear todo lo que quieren la Madre y la Abuela.»

Estaban cerca del cañón. «¡Suuuuuh! ¡Me persigue un oso!» Esta era la señal de Timawi para emprender una carrera. Iban entre la maleza tan rápidos como podían, sin hacer ruido, doblándose mucho. En el barranco situado encima de Tuliyani, saltaron desde el borde, con los pies delante, a las ramas de dos viejos laureles que sobresalían de la maleza. Las ramas cargadas de hojas suavizaron su caída, de modo que se deslizaron sin daño entre los árboles hasta el suelo.

Luego siguieron haciendo carrera hasta el riachuelo. Los largos cabellos flotaban a sus espaldas; las aljabas les iban dando golpes. Despues de dejar las aljabas y los cinturones en el suelo, se metieron de un salto en el agua: primero Timawi, pero Ishi a sólo un arco de distancia.

A la mañana siguiente comieron la masa, se limpiaron las cestas de las gachas y fueron puestas a secar en hilera sobre una roca. Tushi cogió dos cestas de acarreo y su palo de cavar, que le había hecho el Abuelo, del tamaño adecuado a su altura. Ishi cogió los rascadores, un cuchillo de pedernal, un pesado palo de cavar y una vieja manta de piel de conejo, para utilizarla en el transporte de la leña.

Juntos, fueron a la maleza situada debajo de Tuliyani. Para cuando el Sol alcanzó la cúspide del Mundo Celeste, tenían las cestas casi llenas. Habían arrancado raíces de pino para utilizarlas en la fabricación de los grandes cestos de almacenamiento; cortaron cáñamo y asclepias para maromas y cuerdas; y encontraron resina de pino, que necesitaba la Madre para rellenar los huecos de las cestas de guisar y hacerlas estancas. Los cuadrúpedos y los pájaros no les prestaban atención mientras trabajaban y hablaban: ellos formaban parte del mundo del monte.

Ahora tenían hambre. Tushi había llevado un paquetito de comida. También tenían sed; comerían junto al riachuelo. Ishi fue delante, para asegurarse de que no había saldu. No encontró huellas ni olor ni ruido de saldu. Tushi lo siguió en cuanto él la llamó tal como solían llamarse en el bosque –plika plika–, que sonaba parecido al graznido del pájaro carpintero.

Colocaron los cestos y el fardo de la manta lleno de raíces en la horquilla de un viejo roble. Luego se tumbaron sobre el vientre y bebieron y bebieron el agua de nieve procedente del Waganupa, del Centro del Mundo. Contuvieron la respiración y metieron la cara bajo el agua. Eso sentaba bien después del seco monte y el pesado trabajo de cavar.

Mientras comían salmón, pan de bellota y algunas bayas que Tushi había cogido por la mañana, enterraron los pies en el barro fresco de la orilla y hablaron. Un tronco caído de aliso casi atravesaba la corriente desde la orilla donde estaban. Tushi pidió a Ishi que le hablara otra vez de los dos saldu que había visto sobre aquel tronco.

«Estaba poniendo un lazo para codornices», comenzó Ishi, «cuando oí acercarse a alguien. Me subí en aquel laurel al mismo tiempo que llegaban dos saldu por el recodo del arroyo. Llevaban palos de fuego y varas de pescar. Se sentaron donde estamos nosotros y masticaron tabaco, escupiendo constantemente en el agua. Entonces comprendí por qué el Abuelo dice que los saldu no saben tener el agua limpia ni saben utilizar el tabaco sagrado. Yo estaba tendido en la rama, mirándolos desde arriba. Es cuando he estado más cerca de un saldu.»

«¡Cuéntame cómo olían!»

«Mal, igual que huele un montón de pellejos de ciervos en el almacén. Uno de ellos se dejó caer de espaldas y alzó los ojos.»

«¿A qué se parecían sus ojos?»

«Eran como sin ojos, sin color. Pero veía; deben de tener una magia de ver que nosotros no tenemos.»

«¡Háblame del pelo!»

«Uno tenía el pelo sin color; el otro, pelirrojo, como el tinte que hace la Madre. Les crecía mucho pelo en la cara y en las manos. Estos saldu no pueden ser verdaderos hombres. Los hombres no tienen esos pelos, como el tejón o el oso. Hablaron y escupieron largo rato y luego el Sin-Color echó a andar por el tronco. Resbaló y cayó al riachuelo, agitando las manos y gritando. Le preocupó mucho que su palo de fuego se hubiera llenado de barro y estuvo mucho tiempo sentado, tratando de limpiarlo. Al final cruzaron por el tronco sosteniendo una vara de pescar entre los dos.»

«¡Así! ¡Nosotros somos Sin-Color y Pelirrojo!» Tushi se balanceó sobre el resbaladizo tronco e Ishi cayó al arroyo, agitando los brazos y haciendo ruidos como las voces de los saldu.

Estaban ahora en la orilla del riachuelo más lejana de casa. Arrastrándose a gatas bajo una alfombra de zumaque y manzanita por el despeñadero del cañón, alcanzaron la orilla. Allí se detuvieron, mirando hacia el borde de la maleza y escuchando. Ishi quería ir a la Cueva Verde, pero para eso debían atravesar la ladera abierta y desnuda del siguiente promontorio y luego descender por el promontorio la distancia de dos largos sedales de pescar hasta la cueva.

El Tío Mayor diría sí, está muy bien que yo vaya. La Madre diría no, Tushi no debe ir.

«Tú te escondes aquí», dijo Ishi. «No tardaré.» Tushi frunció el rostro. «¿Por qué no puedo ir yo?»

«La Madre y el Tío Mayor dirían que no. Ni siquiera mirar dentro de la Cueva Verde es seguro.»

«Entonces, ¿por qué vas tú?»

«No quiero mirar. Iré deprisa para coger una cosa que hay fuera de la cueva y volveré, como el Topo, por debajo de la tierra.» Ishi hizo movimientos de Topo, cavando con las garras delanteras.

Tushi no pudo evitar la risa al pensar en Ishi viajando como el Topo, empujando un montón de suciedad por delante. Retrocedió hacia la maleza, quedando casi invisible incluso para Ishi. Las hojas le cubrían el rostro con manchas de luz y de oscuridad, y los brazos y las piernas parecían ramas de manzanita.

Ishi serpenteó sobre el vientre, deteniéndose para escuchar en cuanto algún pedrusco lo cubría un poco. De esta manera, atravesó la ladera descubierta y descendió el promontorio y salió a la boca de la Cueva Verde. No miró dentro de la cueva, sino que mantuvo los ojos apartados de la abertura.

No me gusta esto aquí. Los huesos de muchos Yahi yacen bajo la tierra de la Cueva Verde. He visto al Tío Mayor, al Abuelo y a Timawi enterrar los huesos.

El tiempo se hizo muy largo para Tushi, que esperó sin moverse ni hacer el menor ruido. Al fin oyó un cercano «Plika plika plika» e Ishi estaba de vuelta y dejaba caer en sus manos un puñado de tesoro: trozos de vidrio de distintos colores y una cosa que ella nunca había visto, blanca como el barro seco por un lado y, por el otro, brillante y con el dibujo de una flor azul.

«No recuerdo piedra de cristal azul ni marrón.» Tushi levantaba los trozos para ver el sol al través. «Ni esta piedra blanca y azul que el sol no atraviesa.»

«Sólo se encuentran donde han estado los saldu. Las llevan encima y las tiran.»

«¿Por qué tiran los tesoros, los tesoros dambusa?»

«Yo no entiendo nada, Prima, de por qué los saldu tiran sus tesoros. La piedra de cristal servirá para hacer buenas puntas de flecha y de lanza.»

«Pero las piedras de flores no servirán.» Tushi retuvo uno de los trozos de color azul y blanco.

«Podría hacerte cuentas para tu collar de conchas, si quieres.»

Tushi bajó la vista a su collar, a los rizos de pelo que le caían por delante y le cubrían parte de la cara. «Sí me gustaría, Tehna-Ishi.» Para sí, dijo: «Mi primo siente no poder llevarme a la Cueva Verde». Uno a uno, fue devolviendo los trozos del tesoro a la bolsa, improvisando una canción mientras lo hacía:

Azul y blanco
El tesoro saldu
Dice shu-shu-shu
Cuando corro.

«El sol está muy al oeste; deberíamos volver», dijo Ishi cuando estuvo apretado el lazo de la bolsa.

«Primero debemos ir al Prado Redondo a coger juncos para la Abuela. A lo mejor quedará tiempo para jugar también a los Animales de la Pradera.»

El Prado Redondo estaba en la orilla contraria que Tiluyani; era un espacio descubierto, llano y redondo como la luna llena, donde crecían cincoenramas, juncos, flores de lis y centellas. Estaba verde incluso cuando las colinas estaban secas y los árboles lo rodeaban, cerrándolo. Era un lugar apacible y a Tushi e Ishi les gustaba ir.

Cortaron un manojo de juncos, atándolo con una hierba larga. Ahora habían acabado el trabajo y jugaron a los Animales de la Pradera.

Se escondieron detrás de los árboles del borde del prado. Con una hoja de madroño en los labios, Ishi dio un chillido delicado como el de los gazapos. Tushi llamó: «¡Sigaga, sigaga!» Ishi cambió el chillido por el balido de cervatillo llamando a su madre. Tushi dijo: «¡Kaug, kaug!» como el graznido del cuervo. Hubo un silencio. Luego el prado volvió a llenarse con el chillido del gazapo, el balido del cervatillo y el graznido del cuervo.

De la maleza fueron surgiendo uno y otro y otro conejo pardo, los hocicos temblorosos y las borlas de sus colas blancas al aire. Brincaban y aguardaban. Y de nuevo brincaban. Y aguardaban. Estaban en medio del prado y avanzando hacia Ishi. Una cierva salió de los árboles al círculo descubierto. Se repitió el balido. Ahora tuvo respuesta: hof hof.

Tres ciervos y cuatro conejos más avanzaron hacia los chillidos y los balidos. Varias codornices corrían hacia Tushi, agitando los penachos arriba y abajo. Un cuervo respondió desde lo alto de un laurel. Un zorrito rojo se situó al borde de los juncos, balanceando la cola, haciendo con el hocico: ¡nif-nif! Un arrendajo, con su graznido bronco, volaba a poca altura, y un momento después salió de los árboles al claro un gran oso pardo.

En un instante el Oso se quedó solo en el prado. Ishi y Tushi treparon a los árboles detrás de los cuales habían estado escondidos. Las codornices, los conejos, los ciervos y el zorro se desvanecieron en la maleza. El Oso dio una y dos vueltas alrededor del prado, oliendo y mirando. Al no encontrar nada, salió del prado y volvió a la maleza. Ishi y Tushi se dejaron caer de los árboles y corrieron hacia el riachuelo, atravesándolo por debajo de Tuliyani.

Tushi se paró en una roca plana en medio del Riachuelo de Yuna. «¡Las cestas! ¡Están debajo del tronco! ¡Las hemos olvidado!»

«Allí están seguras durante la noche. Iré a recogerlas por la mañana, cuando el Oso duerma», fue la contestación de Ishi.

El Watgurwa, la casa de la Madre y los almacenes estaban listos para el invierno: Timawi había terminado de poner una nueva cubierta de tierra amazacotada. La Abuela lo observaba mojar la tierra y alisarla. «El Cazador de Bushki sabe la forma de hacer casas como las del Hombre de Pedernal: parecen hechas de piedra», dijo con admiración.

Ishi hacía un gran montón de leña detrás de la casa para utilizarla cuando el tiempo fuera demasiado malo para ir al cañón. Luego echó una ojeada a su tesoro del watgurwa: allí había trabajo que hacer durante las lunas de nieve. Además del nuevo arco que ya había comenzado a modelar, tenía una cesta llena de trozos de piedra de cristal, piedras y cuernos de ciervo, un fardo de mofeta, ardilla y pellejos de otros cuadrúpedos, un rollo de pieles de aves y una cesta de plumas. Aún no tenía permitido cazar en el Waganupa: sus tesoros procedían del cañón, el Prado Redondo y las colinas de los alrededores.

Los almacenes estaban llenos. Las cestas mayores eran más altas que Tushi. Contenían bellotas blancas y negras, dulces y amargas; carne de venado seca y salmón ahumado. Las cestas más pequeñas estaban llenas de nueces, semillas y bayas secas. Había hierbas, tintes y resinas; y había plantas atadas en manojos: raíces para lavarse el pelo y otras raíces para hacer emplastos; hierbas para el té de curar el dolor de cabeza y el dolor de estómago; y hojas de tabaco sagrado. Tushi metió la cabeza entre las hierbas, cantando un sonsonete mientras aspiraba la fragancia de los aromas de las especias.

«Aiku tsub, aiku tsub» –es bueno–, dijo la Abuela una y otra vez, conforme iba mirando dentro de las cestas, las acariciaba y pasaba a la siguiente.

Timawi y el Tío Mayor, dejando a los demás en Tuliyani, fueron de caza a la Pradera Alta. Después de cinco días, Ishi los esperaba en la Roca Negra. No llevaba mucho tiempo esperando cuando oyó el ruido de pisadas suaves por la maleza. ¡Pero lo que vio fueron las grandes astas frondosas de un alce!

¡El alce macho abandona la pradera y conduce el rebaño hacia el cañón! Ishi lo creyó así durante el tiempo que vuela una flecha, tal como Timawi esperaba que lo creyera. Luego vio al Tío Mayor y a Timawi. Sosteniendo las pesadas astas encima de su cabeza, Timawi se movía igual que lo hubiera hecho un alce entre la maleza, e Ishi supo que habría carne fresca de alce para comer y piel y cuernos de alce para agregar a los tesoros del watgurwa.

Mientras el Tío Mayor y Timawi estuvieron fuera, Ishi y el Abuelo habían ido de caza todos los días al Prado Redondo, y la Madre y la Abuela reían contentas al ver el contenido de las cestas de caza: patos y gansos. ¡Era el momento de la Fiesta de la Cosecha!

Antes de la fiesta, Timawi, el Tío Mayor y el Abuelo se bañaron y nadaron en el Riachuelo de Yuna. Para la Fiesta se enrollaron en el pelo sobre la cabeza al antiguo estilo Yahi. La Abuela, la Madre y Tushi se peinaron como de costumbre, pero se lavaron el pelo con una raíz suavizante, amarga al gusto pero que limpia y hace brillar el pelo; y sus faldas con flecos de corteza de aliso eran nuevas.

Ishi vio que la Madre lucía el brazalete de hierbas aromáticas que por lo general llevaba en la bolsa de los tesoros. Estaba hecho con el tendón más fino del ciervo y decorado con muchas conchas pequeñas y colgantes de piedra de cristal. *El Padre hizo el brazalete para la Madre cuando ella era moza, antes de casarse. Me pregunto: ¿es mi madre hoy feliz y esa es la razón de que luzca el brazalete?... Parece feliz.*

Tushi llevaba su collar de conchas con las cuentas de flores azules encontradas en la Cueva Verde. Se había puesto penachos de plumas rojas de pájaro carpintero en las cintas de visón que hoy le sujetaban el pelo. Los colgantes de conchas y de vainas de semillas hacían que su falda susurrara shu-shu shu al moverse.

Tushi ve a Timawi mirándola. Él piensa que ella es hoy una chica dambusa. Yo también pienso que ella es hoy una chica dambusa.

El sol calentaba, por el cañón corría un viento suave. La comida festiva se celebró al aire libre: hígado fresco de ciervo; guiso de alce; pato y ganso asados sobre estacas y espolvoreados con sal negra procedente de un prado cercano; uvas frescas y avellanas.

El sol se hundió bajo el borde de la tierra; salió la luna de la cosecha, llena y brillante; los participantes en la fiesta se echaron capas de plumas por los hombros y reavivaron el fuego. El Abuelo fumó su pipa de piedra y pronunció palabras de agradecimiento a las corrientes de agua por el salmón, al monte Waganupa por el venado, y a las colinas y a los prados por las bellotas y las semillas.

El Tío Mayor, Timawi e Ishi cantaron con el Abuelo las canciones aprendidas en el watgurwa y luego bailaron. Bailaron la Danza de la Caza, e Ishi y Timawi bailaron la Danza de los Wanasi. Luego la Abuela, la Madre y Tushi bailaron la Danza Alrededor del Fuego de las mujeres, acompañándose con los golpes de los huesos de ciervo que llevaban en las manos.

Ishi las observó mientras danzaban. *Así son las mujeres del Pueblo. La Abuela, por ser vieja, no da la vuelta al fuego cada vez. Pero golpea la tierra con tanta fuerza como la Madre. Y tiene la voz aguda como la de los pájaros. Creo que la Madre tiene esta noche el mismo aspecto que cuando mi padre le puso el nombre de Wakara. Tushi lleva la vara tallada de la Abuela porque es una muchacha joven. Es la primera vez que se le ha permitido llevar la vara. ¡Nunca, nunca olvidaré la Fiesta de la Cosecha de hoy!*

La Madre y el Tío Mayor, el Abuelo y la Abuela se sentaron junto al fuego. Tushi giraba y giraba siguiendo la danza del círculo, con los ojos puestos en la vara que sostenía con una mano en alto, cantando una canción al ritmo de los huesos de ciervo:

Shu-shu-shu vengo
La Mujer de la Concha Blanca
La Dambusa
Desde muy lejos
Shu-shu-shu vengo.

Timawi e Ishi bailaron alrededor del círculo, por fuera de Tushi y desplazándose de oeste a este mientras ella iba de este a oeste. La danza de ellos era más lenta, ligada a la tierra. Los Wanasi deben golpear la tierra con fuertes pums. Y deben doblar las rodillas hacia el suelo: pum, pum, pum.

Las largas noches y los cortos días de las lunas de la nieve se instalaron en el Mundo de los Yahi. El oso, la serpiente, el tejón y el búho dormían en los agujeros de la tierra, en los árboles o bajo las rocas. No había ciervos que pasaran por el estrecho sendero del riachuelo.

Hacía frío, un frío severo. El invierno era duro para los Ancianos. Cuando salían al exterior, regresaban en seguida, temblando, al fuego. Para Ishi y Timawi era buena época. Fuera, llevaban mocasines de ciervo con el pelo por dentro y capas de plumas o pieles; y si el viento soplaba frío contra los brazos y las piernas desnudos, echaban carreras hasta calentarse. Lo mejor de todo era que en invierno tenían poco miedo a los saldu. Los saldu no solían arriesgarse por los senderos estrechos cuando estaban helados o cubiertos de hielo. Los caballos patinarían y arrastrarían consigo a los jinetes, rodando hasta el fondo del cañón. Y por lo general los saldu no hacían distancias largas a pie.

Dentro de la casa de la Madre hacía calor. Su casa –el wowi– estaba construida como todas las casas de las familias Yahi: una única habitación redonda excavada en la tierra hasta la profundidad de la cadera de un hombre. La habitación, de unos doce pies de diámetro, era lo bastante grande para que la Madre guisara en el hoyo del fuego del centro, y para que los siete habitantes de Tuliyani se sentaran alrededor del fuego a comer o trabajar. Incluso había espacio para que todos durmieran allí, como hacían a veces cuando el frío era *muy* intenso.

El interior de las paredes estaba forrado de corteza de aliso y el suelo estaba cubierto de esterillas de hierba. Tushi, un día que extendía las nuevas esteras, dijo: «La casa de la Madre es una cesta de guisar, y la escalera que sale por el agujero del humo es una gigantesca pala de remover». Era hermética como una cesta de guisar; el Viento del Norte no era bien recibido allí ni encontraba forma de penetrar.

Quien descendía por el palo de la escalera debía tener cuidado con dónde ponía los pies en el suelo, rodeando a cualquiera que estuviese con una cesta semiacabada y hojas de helecho y tinte, o con pieles y leznas, y agujas y tendones e hilos extendidos a su alrededor.

También había que tener cuidado con las cosas de guisar de la Madre: una cesta de agua, otra de harina de bellotas y otras de estofado; una piedra de moler, un montón de piedras de guisar, otras cestas suplementarias para guisar, leña y raíces de manzanita. Las cestas más pequeñas, conteniendo semillas y hierbas, y las cestas de servir estaban en las estanterías; las pinzas y los removedores y las paletas colgaban de la pared. La Madre podía estar quemando a fuego lento raíces de manzanita para hacer carbón. Eso significaba que los Wanasi le habían traído comida fresca procedente de sus trampas. Cuando los carbones estaban a punto, asaba una ardilla, un conejo o varios pájaros, para comerlos con harina de bellotas.

Cuando Ishi bajó por la escalera, el calor ascendió a su encuentro: el calor del fuego y el calor reflejado por las bajas paredes recubiertas de cortezas de árbol. En invierno había muchos olores en la casa de la Madre: el escozor del humo, el fuerte aroma del pino y el laurel ardiendo; la resina caliente; y los distintos olores de las cestas colocadas en el círculo limpio del nivel superior de la vivienda: salmón y carne de ciervo secos, bulbos y fruta; pieles, alfombras y mantas. Y estaban los olores del tabaco y de las medicinas, y de las hierbas que colgaban en manojos de las paredes.

«Fuera está el olor de la nieve», dijo Ishi, al descender por la escalera una mañana no mucho después de la Fiesta de la Cosecha. Se quedó tendido en el suelo, mirando por la chimenea, que también era la puerta y la ventana. Tushi y la Abuela levantaron la cabeza de su costura.

«Veo que el Viento del Norte hace volar la hojas sobre el agujero del humo», dijo la Abuela.

«¡Y ahí van los pájaros que vuelan alto hacia el Mundo Celeste!» Tushi trepó rápidamente por el poste para ver los patos y los gansos.

Había más pájaros y más hojas. Cuando el Tío Mayor y Timawi llegaron un rato después, traían los primeros copos de nieve del invierno en los cabellos. En el cielo que se iba oscureciendo, los copos de nieve corrían más deprisa y más gruesos sobre la abertura situada encima del hoyo del fuego de la Madre.

Durante las lunas de la nieve era cuando el Abuelo contaba los cuentos de los Viejos Tiempos, y esta noche de la primera nevada comenzó los cuentos con el relato de la Creación del Mundo.

El abuelo dijo: «Allá por los Viejos Tiempos, los Grandes Dioses, Jupka y Kaltsuna, estaban un día pescando en el Océano Exterior. Jupka, lanzando un largo sedal que se hundió profundamente en las aguas, pescó el mundo increado en el fondo del mar. Quedó flotando en la superficie del agua, plano, desnudo y vacío, sin ninguna clase de vida sobre él».

Ishi dejó de estar dentro de la casa y junto al fuego. ¡Él también pescaba en el Océano Exterior! El mundo increado flotaba delante de sus ojos, mientras que la voz del Abuelo se convertía en las voces de los Dioses.

Jupka dijo: «Deseo crear el Pueblo, los Primeros del Pueblo. Los llamaré Yehi».

«Eso está muy bien», respondió Kaltsuna, «pero la Gente no puede vivir en una tierra sin corrientes de agua ni plantas ni animales».

«Cierto, cierto», dijo Jupka, «llenemos el mundo de todo lo que la Gente necesitará».

Ishi miraba al fuego sin guiñar los ojos. Conforme el Abuelo contaba lo que hicieron los dos Dioses, él los veía transformar paso a paso el mundo increado en el Mundo de los Yahi.

«La montaña Waganupa creció en el centro de la tierra, elevándose más y más hacia el Mundo Celeste, tan alta que la nieve cubrió su cima. En la cima nevada del Waganupa, la nieve se derritió y fluyó montaña abajo en rápidos arroyos y cascadas, arrastrando piedras y rocas consigo y tallando cañones, promontorios, concavidades y cuevas en lo que era tierra llana.

»Los bosques de pinos, al principio pequeños semilleros, crecieron hasta ser los altos árboles de la montaña; las bellotas germinaron y se convirtieron en frondosas encinas; los castaños de Indias, los alisos y los madroños echaron raíces en las paredes del cañón; la manzanita y el chaparral cubrieron las colinas. Las hierbas y los tréboles y muchas plantas del sol y plantas de la sombra florecieron en los fondos del cañón, en los prados y sobre los promontorios.»

Dijo el Abuelo con la voz de Kaltsuna: «El Tiempo de los Héroes y de los Dioses, de los primeros que llegaron, ha terminado. Pero la vida debe desenvolverse sobre la tierra, bajo las aguas y en el aire».

De nuevo, mirando el fuego, Ishi vio el mundo cambiante que describía el Abuelo. «Unos Héroes fueron bajo la tierra; se dice que dos viven en las profundidades del Waganupa. Los otros se transformaron en el Primer Pez, en los Primeros Pájaros y en los Primeros Cuadrúpedos, según la naturaleza de cada cual. Se convirtieron en los Antepasados de nuestros salmones; de los gansos y de los patos que vuelan entre la tierra y el Mundo Celeste; del oso y del ciervo, y de todos los demás cuadrúpedos del monte y de las praderas.

»Cuando los Dioses y los Héroes se hubieron transformado en criaturas del aire, del agua y del monte, Jupka y Kaltsuna se situaron en la cima del Waganupa, viendo el mundo creado a sus pies. "Está acabado." Así habló Jupka. Y así Kaltsuna: "Es el momento de que hagas la Gente".»

El Abuelo cogió varios palitos de castaño de Indias de distinta longitud. El Abuelo dijo: «Jupka se sentó a los pies del Waganupa, donde cortó palitos rectos de castaño de Indias, como estos que tengo en la mano. Colocó un palito –así– en el suelo, en dirección este-oeste; le echó un poco de humo –así– de su pipa de piedra; y dijo al palito: "¡Tú eres un Yahi! Tú eres un hombre, hisi, el primer hombre del Pueblo"».

Ishi, que estaba en el suelo junto al palito, se levantó ahora y, bailando alrededor del fuego, dijo con las palabras de la historia: «Así sea, oh El Grande».

El Abuelo dijo: «Luego Jupka colocó un palito corto en el suelo, le echó un poco de humo y dijo como antes: "¡Tú eres un Yahi! Tú eres una mirimi, una mujer, la primera Yahi del Pueblo"».

Tushi, que estaba echada en el suelo junto al palito, se levantó ahora y, bailando alrededor del fuego, dijo con las palabras de la historia: «Así sea, oh El Grande».

El Abuelo dijo: «Luego Jupka colocó dos palitos en el suelo, uno junto al otro –así–, les echó un poco de humo y dijo: "¡Tú eres un muchacho! ¡Tú eres una muchacha! Después de vosotros, todos los niños tendrán padre y madre. Así pues, siempre habrá niños"».

Ishi y Tushi bailaron juntos alrededor del fuego, diciendo: «Así sea, oh El Grande».

«Jupka cortó más y más palitos de castaño de Indias. No levantó la vista de su trabajo hasta que el Sol estuvo bajo en el Oeste. Para entonces, había personas en el cañón y en las praderas y en las colinas, y a lo largo de las corrientes de agua.

»Kaltsuna enseñó a estas primeras personas a afilar las puntas de las flechas, a hacer arcos y arpones, y a construir casas. De él aprendieron a cazar y a pescar, a hacer fuego, a guisar y a otras muchas cosas más. Un día tras otro Kaltsuna les dijo: "Haced esto y aquello como yo os lo he enseñado y enseñad vosotros lo mismo a quienes vengan después".

»Jupka enseñó a las primeras personas el significado de las lunas y de las estaciones, y qué trabajos, qué oraciones, canciones y danzas pertenecían a cada luna. También les enseñó algo sobre la naturaleza del hombre y de la mujer; y las reglas relativas al wowi y al watgurwa. De Jupka aprendieron sobre la muerte y sobre la tierra de los Muertos, y todas las cuestiones relacionadas con el Camino de los Yahi. Dijo Jupka: "Escuchad y recordad todo lo que os cuento y enseño ahora. A su vez, enseñad estas cosas a vuestros hijos y a vuestros nietos. Luego, en el tiempo que ha de venir, la Gente siempre vivirá en casas cálidas; sus cestas estarán llenas de salmón y de ciervo; habrá paz dentro del watgurwa y de la aldea, y entre los vecinos de arriba y abajo de los ríos, y con las criaturas del aire, del agua y del monte. El Pueblo no se olvidará de sus Dioses y sus Héroes ni de sus enseñanzas. En las lunas del porvenir será como ahora".

»El trabajo de Jupka y Kaltsuna estaba acabado; había llegado, también para ellos, el momento de transformarse, dejando el Mundo al Pueblo Yahi.»

Ishi y Tushi se cubrieron con las capas de pieles. Lentamente, lentamente, como un lagarto dormido, Ishi liberó la cabeza, luego un brazo, el otro y las piernas. Moviéndose apenas, se arrastró a cuatro patas, con los brazos doblados por los codos. Restañó la lengua dentro y fuera varias veces y habló, diciendo: «Yo, Kaltsuna, el Hacedor de Flechas, elijo ser un pequeño lagarto de las rocas. Mi piel recordará al Pueblo el pedernal, el pedernal gris en el lomo, el pedernal azul, amarillo y blanco por debajo. Me solearé cuando la Gente se solee y ellos a veces me darán golpes con una hoja suave de hierba».

Lentamente, lentamente, Tushi fue dando vueltas y vueltas dentro de su capa, haciendo y haciendo por liberarse. Primero se dejaron ver los ojos. Luego, de un empujón, pareció abrirse paso rajando el capullo. Se sentó aleteando los brazos, al principio con sólo un ligero movimiento, y luego cada vez más libre con los movimientos de una mariposa que se seca y despliega las alas.

«Yo, Jupka», dijo ella, «elijo convertirme en una mariposa de muchos colores. Las mujeres tejerán el dibujo de mis alas en sus mejores mantas. Y cuando yo revolotee sobre las colinas en el tiempo del trébol verde y el Año Nuevo, recordaré al Pueblo que el mundo es dambusa y su Camino un buen Camino».

Todas las noches, el Tío Mayor llevaba a Ishi a dormir en el watgurwa con él, Timawi y el Abuelo. La Madre decía: «A veces os quedáis allí despiertos hasta que la luna se pone bajo el borde de la tierra. El joven no debe estar despierto toda la noche».

El Tío Mayor sonrió. «El día es tan bueno como la noche para dormir, Esposa de Mi Hermano Menor. Un hombre debe aprender a dormir con los ojos cerrados al sol y a estar despierto hasta dos, tres o cuatro viajes del sol.»

La Madre meneó la cabeza, pero no dijo más. El Tío Mayor era el Majapa. Cuando él empezó a subir la escalera, le puso otra manta de pieles en el brazo. «Para el Abuelo», dijo.

Ishi oyó lo que decía la Madre y lo que respondía el Tío Mayor. Siguió en seguida los pasos del Tío Mayor. *Lamento no ver el Pueblo de las Estrellas por la chimenea con Tushi y no oír a la Abuela contar cómo dejaron la tierra y se fueron al Mundo Celeste. Pero construiré mi arco de caza durante estas lunas de nieve. El Joven Cazador duerme en el watgurwa donde la charla se prolonga hasta el amanecer: la charla de los hombres.*

En el watgurwa, Ishi tomó su primer baño de sudor. Con su taladro para el fuego, el Tío Mayor hizo un nuevo fuego en el hoyo del fuego. Él y el Abuelo echaron en las cenizas calientes de este fuego piedras gastadas por el agua que levantaron con tenazas endurecidas al fuego. Las piedras se calentaron tanto que cambiaron de color; oleadas de calor llenaron el watgurwa hasta parecer un hoyo del fuego. Los tres hombres e Ishi estaban tendidos en el suelo, bocabajo. El Tío Mayor pronunció una plegaria y luego hubo silencio. El calor penetraba en sus cuerpos; los traspasaba de punta a punta. Tenían el pelo húmedo de sudor y el sudor les goteaba y oscurecía el suelo donde yacían inmóviles.

El baño de sudor del watgurwa proporciona al entendimiento olvido e inmovilidad al cuerpo. En este calor no hay sueños. Todo es calor y niebla y nada. Así debió de ser cuando el nuevo mundo flotaba sobre el Océano Exterior.

Al cabo de mucho rato, el Tío Mayor hizo una señal e Ishi y los tres hombres corrieron al riachuelo, metiéndose en el agua hasta cubrirse la cabeza. Después de nadar de un lado a otro por el río, regresaron corriendo al watgurwa. Y allí el Tío Mayor fumó una pipa de tabaco sagrado y dijo la plegaria final.

En el agua sólo hacía frío. Corriendo, volví a ver el mundo de repente. Ahora puedo correr todo el día, puedo trepar por la escarpada pared del cañón. Siento las fuerzas creciendo en mi interior, puedo cazar y coger muchos ciervos.

Ishi aprendió a mantenerse despierto. Uniendo una noche con otra, fue capaz de pasar cinco noches cantando y rezando; y aprendió a pasar sin comer, como deben hacer los cazadores para atraer los ciervos.

El Tío Mayor dijo: «Aprendes deprisa y bien, Hijo del Hermano Menor. Pronto estarás listo para ir solo a las colinas, ayunar y orar. Y los Héroes te enviarán un Sueño».

Hubo noches de buena conversación en el watgurwa, conversaciones de caza y pesca; y noches en que hablaron de los saldu. Una noche sin viento, los copos de nieve se colaron por la chimenea, explotando con un ¡chssss! cuando llegaban a las llamas. El Abuelo subió por el palo de la casa para ver la profundidad de la nevada.

«Hay tanta nieve como la primera vez que vinieron los saldu», dijo al regresar junto al fuego.

Ishi tocó su arco a medio acabar. *Si ningún Mayor habla en el fuego del watgurwa, deben hablar los jóvenes.* «Abuelo», dijo Ishi, después de un momento de silencio, «la Abuela dice que los saldu salieron de dentro del Waganupa. Pero luego ríe… ».

El Abuelo gruñó: «Es mejor que el wanisi duerma aquí, lejos de las verdades a medias de la Vieja. Pega otra capa de refuerzo a tu arco y te contaré cómo vinieron».

Ishi puso la cestita de cola de pescado sobre una roca cercana al fuego para que se reblandeciese. A su lado tenía muchos trozos de tendones de ciervo, que había masticado y rascado dándoles forma de finas cintas para reforzar el arco.

«Fue un invierno como este», dijo el Abuelo. «Nevaba y nevaba, aunque era la época del Año Nuevo. Un día, el Pueblo de Bushki, que es el poblado de Timawi, envió un vigía para decirnos a los de la Aldea de Tres Lomas que quince o veinte saldu –seres similares a los hombres, pálidos de rostro y de ojos– habían surgido del desierto que comenzaba en el borde más lejano de las Praderas Orientales del Waganupa y que se extiende hasta nadie sabe dónde.

»Los extranjeros vinieron rodeando la base del Waganupa y atravesando la Pradera Alta hasta el sendero del promontorio, donde pudimos verlos. Íbamos a enviar a un vigía por delante para que advirtiera a quienes vivían más abajo que nosotros, pero los saldu se alejaron del promontorio y tomaron el sendero empinado que conduce a nuestra propia aldea.

»Las mujeres y los niños que estaban al aire libre volvieron corriendo a las casas y apagaron los fuegos. Para los saldu, la aldea debía resultar desierta, excepto por el Tío Mayor, tu padre, el otro wanasi y yo. Y nosotros estábamos ocupados poniendo una trampa de lazo en una de las sendas de la aldea.

»Recuerda que nosotros no habíamos visto nunca un caballo ni ningún cuadrúpedo con jinete o paquetes encima. Pero tuvimos poco tiempo para mirarlos. Los saldu cabalgaron hasta el centro de la aldea; sus caballos se encabritaron y los jinetes gritaron. Un caballo se asustó ante una cesta de agua y chocó con el bastidor de secar. Otro pisó un hoyo para el fuego lleno de nieve, tirando al jinete, que tropezó en el costado de la casa y se fue de cabeza al ventisquero.

»Aquellos no eran hombres como nosotros conocemos a los hombres. Estaba seguro de que eran dawana, locos, y de que habían sido expulsados de sus hogares por malas acciones o malos pensamientos. ¿Por qué si no se meterían entre extraños y actuarían de esta forma?

»Uno de ellos iba a la cabeza y parecía ser el Jefe. Comenzó a separarse del caballo, pero el pie se le enganchó en algo que le colgaba del cinturón. Nos acercamos para ver lo que era...» El rostro del Abuelo se contrajo de dolor y disgusto. «Tenía el pie enganchado en la cabellera de una mujer del Pueblo. El pelo, negro y largo, todavía estaba alisado y atado con nudos de piel de nutria como los de Tushi. Vimos que los demás saldu también llevaban cabelleras en los cinturones. Entonces estuve seguro de que eran demonios.

»No entendían ni una palabra de la Lengua, pero desciframos lo que quería el Jefe. Nos enseñó una bolsa llena del polvo brillante que hay en nuestros ríos. Para qué querían los saldu este polvo, eso no lo sé. No tiene ningún valor, a no ser que lo utilicen en su magia.

»Pensé: si lo que quieren es ese polvo, los pondré en camino del sur, donde las corrientes de agua tienen mucho más que aquí, pues, desde luego, yo no quería a tales dawana cerca de mi Pueblo. Cogiendo un palo, marqué en la nieve las tres colinas y los señalé a ellos. El Jefe me comprendió. Luego, marqué el promontorio y, más allá, los vados del río donde no había aldeas. Le mostré la forma de ir hacia el sur hasta un gran río que llevaba mucho más polvo brillante.

»El Jefe asintió con la cabeza, pero me dejó entender que los saldu querían dormir donde estaban. Durante esta conversación por señas, vimos que no llevaban arcos ni lanzas. En lugar de eso, cada uno de ellos llevaba en el cinto un cuchillo curvo de un material que no conocíamos y un palo negro, más un segundo palo en las manos. Uno de los saldu apuntó con su palo hacia el watgurwa, que estaba vacío.

El palo explotó con una voz de trueno y una nube de humo. Cuando el humo se disipó había un agujero en el costado del watgurwa. No nos movimos ni alteramos la mirada, ni entonces ni después, mientras el Jefe hablaba con el que había hecho eso, pero así fue como tuvimos noticia de los palos de fuego de los saldu.

»Condujimos al Jefe a la cueva situada debajo de la aldea. Estaba seca y llevamos leña. Pronto estaban todos los saldu sentados alrededor del fuego, riendo y hablando y bebiendo un té de hierbas que parecía gustarles mucho. Me hicieron señas de que los llevara con nuestras mujeres. Denegué con la cabeza y señalé hacia el promontorio. Y como no lloraba ningún niño ni salía ningún ruido de las casas, creyeron que nuestras mujeres no estaban con nosotros.

»Estuvimos toda la noche vigilando. Ellos discutieron y dos lucharon con los cuchillos. El Jefe los contuvo, amenazándolos con el palo de fuego. Pronto se durmieron. A la mañana siguiente partieron. Nos pusimos contentos de verlos irse y el Tío Mayor y el Hijo Menor, tu padre, los siguieron para asegurarse de que no volvían.

»Se perdieron de vista por el promontorio, pero al cabo de un rato oímos el lejano ¡bum! de uno de los palos de fuego. Sólo podíamos preguntarnos qué significaría eso, pero el Tío Mayor y tu padre, que los iban siguiendo, encontraron el cuerpo de un hombre del Pueblo de una de las aldeas del Riachuelo de Banya. Luego supimos que había salido solo, a orar, y por eso no le sirvió nuestro vigía que había ido durante la noche a advertir a las aldeas del Riachuelo de Banya.

»Donde yacía la nieve estaba roja de sangre. Le habían arrancado la cabellera. El Tío Mayor vació su aljaba para cubrirle la cabeza.»

El Abuelo dijo una plegaria y expulsó un poco de humo de tabaco de la pipa hacia el Waganupa, en señal de que la historia había acabado.

«¿Qué hicieron luego mi padre y mi tío?», preguntó Ishi.

«¡Su, su! Estoy harto de pensar en los saldu. ¿Contestas tú la pregunta del wanasi, mi Hijo Mayor?»

El Tío Mayor dijo: «¿Podemos fiarnos de que este wanasi no lo contará a su prima?»

«Hermano Mayor de mi padre, ¿he contado yo alguna vez los secretos del watgurwa?»

«¡Su! No te enfades. Eres joven; llevas muy poco tiempo durmiendo en el watgurwa. Pero no cuentes los secretos y algún día serás

WAGANUPA
(MOUNT LASSEN)

BATTLE CREEK

PRADERA ALTA

BUSHKI

ANTELOPE CREEK

TRES LOMAS

PRADO REDONDO

ROCA NEGRA

CUEVA VERDE
(KINGSLEY CAVE)

RED BLUFF

TULIYANI

CUEVA SECA

RIACHUELO DE YUNA
(MILL CREEK)

ALDEA DEL
LAUREL

CUEVA DE LOS
ANTEPASADOS

SENDERO DEL PROMONTORIO
(LASSEN TRAIL)

GAHMA

TEHAMA

RIACHUELO DE BANYA
(DEER CREEK)

VINA

EL MUNDO DE LOS YAHI

RIO DAHA
(RIO SACRAMENTO)

CAMINO DEL MONSTRUO

ALDEAS YAHI

ALDEAS SALDU

GRAN VALLE

CHICO

OROVILLE

tan gran cazador como lo fue tu padre... En cuanto a los saldu: el Hermano Menor y yo los seguimos sin grandes dificultades. Sus cuadrúpedos escasamente podían moverse por nuestros senderos, que están hechos para los pies de los hombres. Sobre la nieve del sendero había gotas de sangre y pronto comprendimos que aquella sangre era de la cabellera de nuestro amigo, que llevaba un saldu que cabalgaba retrasado a cierta distancia de los demás.

»El Hermano Menor hizo un círculo a su alrededor y lo mató de un solo flechazo. El saldu cayó del caballo a la nieve blanda sin un grito ni el menor ruido. Gesticulé con los brazos y el caballo se espantó y salió del sendero, adentrándose en la maleza.

»Al cabo de cierto tiempo oímos tres bum, bum, bum del palo de fuego. Como ahora sabemos, era una señal para el que se había perdido. Pero ningún saldu regresó a buscarlo. De todas formas, no lo hubieran encontrado: lo escondimos bastante bien. Los demás se fueron del Mundo de los Yahi; nunca más los vimos.

»Llevamos el cuerpo de nuestro amigo a su aldea. Él y su cabellera estaban juntos; su Espíritu no vagaría por las colinas en busca de lo que le había sido arrebatado... Ahora ya sabes cómo los primeros vinieron "de la montaña", como dice la Abuela.»

Al día siguiente, Ishi fue de caza y cogió un conejo para la Madre. Ella hizo un estofado de ciervo seco y conejo. Él comió un poco de estofado y echó el pan duro de bellotas del invierno en el caldo. El Abuelo lo miraba de vez en cuando, preguntándose cuáles eran los pensamientos del joven cazador. El Abuelo decidió que Ishi parecía el de siempre.

Pero sus pensamientos no eran los de siempre. Tocó su arco. *Debo rezar a Jupka y a Kaltsuna, el Hacedor de Flechas. Mis flechas saldrán derechas. Deben dar en todo saldu que se ponga a tiro de mi arco.*

Toda aquella noche y durante muchas noches, los saldu acecharon por los sueños de Ishi, amenazando con cortarle la cabellera. Pero sus flechas eran certeras. Los saldu de sus sueños quedaron inmóviles.

Mientras quedaba luz del día, Ishi acostumbraba a pasar las jornadas de invierno en algún lugar entre la Roca Negra y Tuliyani, colocando cepos bajo las rocas, en la nieve y en los matorrales; y poniendo trampas en las sendas de los pequeños cuadrúpedos y los pájaros que, al igual que él, estaban despiertos y cazaban. Al vaciar una trampa o un cepo, limpiaba su presa bajo el refugio de un chamizal si llovía o nevaba ligeramente, o bien en una de las muchas cuevas poco profundas del cañón si la precipitación era fuerte. Todo cuanto cogía lo llevaba a su madre para la cesta de estofar; y las pieles y las plumas, que eran buenas y brillantes, las ponía con sus tesoros en el watgurwa.

Los mocasines y la capa corta de plumas era todo lo que llevaba puesto en el monte, a no ser que hiciese mucho frío, en cuyo caso se ponía una capa larga de pieles de tejón y mofeta que le llegaba un poco más abajo de la cadera. Un día, llegó a casa con los dedos tiesos y doloridos del frío, y se dirigió al hoyo del fuego del wowi donde la Abuela asaba piñones. Cerca del fuego había una cesta de té de hierbas recién hecho.

La Abuela le sirvió un poco de té; se lo bebió demasiado caliente, le hizo daño al bajar por la garganta y le quitó la respiración, pero lo dejó con una sensación de calor y sueño. Se tendió junto al fuego, semidespierto, semidormido, y escuchó la conversación de las mujeres y el clic-clac de los palitos del juego de palitos de las mujeres.

Tushi preguntó a la Abuela: «¿Eras tú muy vieja cuando los saldu salieron del Waganupa?»

La Abuela rio. «Era como es ahora la Madre.»

«Pero ¿cómo era entonces la Madre?»

«Como tú. De tu tamaño. Pero yo no la conocía entonces.»

«¿Por qué no la conocías?»

«Porque mi casa estaba en Tuliyani y la de la Madre en Gahma, muy lejos, en el Riachuelo de Banya. Conocí a la Madre cuando mi Hijo Menor la trajo a casa como su esposa.»

Jugaban al juego de los palitos. La Abuela se puso las manos en la espalda y Tushi trató de adivinar en qué mano estaba la única ficha blanca de un manojo de fichas rojas. Tushi escogió la mano que sólo contenía rojas, así que la Abuela se guardó los palitos y marcó una «victoria» en una piedra blanca con un trozo de hueso.

Guaseándose de Tushi, la Abuela dijo: «Tac, tac, una mujer debe jugar bien al juego de los palitos. Necesita aprender lo que dicen los ojos de la otra jugadora, y debe aprender a contar de manera que sepa cuántas veces ha ganado o perdido, y cuántas conchas tiene su collar».

«¡Yo sé cuántas conchas tiene mi collar!»

Ishi hacía cuentas. *Cuando la Madre era tan pequeña como Tushi, las colinas y el valle del río estaban llenos de gente. Había otros mundos, además, hacia el sur y hacia el este y hacia el norte y hacia el oeste... Anoche el Tío Mayor dijo que sólo quedaban los Yahi en las colinas cuando yo nací. Y hace tres ciclos de la luna, cuando el Tío Mayor nos trajo a Tuliyani, salvo nosotros no quedaba ningún Yahi.*

A la mañana siguiente, Timawi e Ishi recogían leña para el fuego del watgurwa e Ishi preguntó: «¿Por qué no pudo el Pueblo echar a los saldu como hizo el Abuelo con los primeros?»

Timawi respondió: «Eran demasiados; vinieron demasiado deprisa. Eso dice el Tío Mayor. El Abuelo dice que fue debido a que todos los saldu llevaban palos de fuego y cazaban a la Gente, con la intención de vaciar las montañas de nosotros».

«¿Por qué, entonces, no murieron todos los Yahi como murieron los demás?»

«Creo que fue porque tu padre aprendió a combatir al enemigo. Y una vez que aprendió, dejaron de pasar por el sendero del promontorio y de atravesar el país de los Yahi, puesto que podían caer traspasados por las flechas de los wanasi. Tu padre enseñó al Pueblo –no sólo a los wanasi, sino también a los ancianos, a los niños y a las mujeres– a esconderse en el fondo de las cuevas oscuras, bajo montones de hojas en medio de los bosquecillos de zumaques o de manzanita espinosa. Les enseñó la forma de echarse bocabajo junto a los senderos, a veces escondidos tras de una roca, a veces sin nada. Los caballos podían pasar casi por encima de ellos sin que fueran descubiertos.

»Él y los buenos nadadores aprendieron a estar mucho tiempo debajo del agua, cogidos a una peña, y a nadar hacia la umbría, donde podían salir a respirar como hacen las ranas, y a sumergirse sin que los vieran. Con tu padre, los wanasi incluso aprendieron a pasar por debajo de las cascadas mientras los saldu los buscaban y luego tenían que renunciar a la búsqueda porque no podían verlos detrás del agua.»

«Dime qué más hizo mi padre.»

«Yo le he oído decir en el watgurwa: "Jupka y Kaltsuna no nos dieron ninguna clase de armas para luchar contra los hombres, pero los saldu no tienen ninguna magia que proteja su corazón de las flechas bien lanzadas; pueden penetrarlo como penetran el corazón de los ciervos".»

«¿Penetraron las flechas de mi padre y de los demás wanasi en el corazón de muchos saldu?»

«No en muchos, no en los bastantes; los Yahi fueron los cazados. Pero tu padre echó muchas veces a los enemigos de las aldeas, lejos de las mujeres, los niños y los Ancianos, que no tenían arcos ni flechas. Lo hizo dejándose ver, él y sus wanasi, dejando rastros donde habían hecho fuego. Pero se mantenían fuera del alcance de los palos de fuego de los saldu. Recuerdo una vez que estuvieron fuera durante más de dos lunas. Tu padre condujo una gran partida de saldu, dando la vuelta por la ladera del Waganupa, a la parte más alejada. En todo ese tiempo, los saldu no mataron a un solo Yahi ni cogieron una sola cabellera. Al final, tu padre torció hacia el sur y dejó a los saldu bien fuera del Mundo de los Yahi y de esta forma llegó sano a casa con todos sus hombres. ¡Aii-ya! ¡Si yo hubiera tenido estatura para ir con él! ¡Haber lanzado mis flechas contra el enemigo!»

«¿Y qué hizo luego mi padre?»

«Tú has oído al Tío Mayor decir: "Un hombre no puede aguantar siempre contra veinte saldu con palos de fuego". Eso es lo que trató de hacer él en la Aldea de Tres Lomas, donde cayó.»

Al día siguiente, Ishi cogió una marmota gorda. Sólo una pata estaba en la ligera trampa, que había arrastrado dentro de la maleza, e Ishi la mató con su arco. *Ahora sé por qué el Tío Mayor dice que un arco es mejor que una trampa. La flecha mata; la trampa puede que sólo provoque miedo y dolor.*

Limpió la marmota y la puso en su cesta. En lugar de ir a casa, fue a la Roca Negra. Deseaba pensar en su padre, en el Mundo de los Yahi. Cuando hubo revivido todo lo que Timawi le había dicho y tuvo ante los ojos imágenes de aquel viaje de varias lunas alrededor del Waganupa que había dirigido su padre, sus pensamientos volvieron a la Roca Negra. *La Aldea de Tres Lomas está detrás de mí; Tuliyani, debajo; Gahma, muy lejos en el Cañón del Banya. Éstas son las aldeas que conozco.*

Recuerdo una Fiesta de la Cosecha en que estaba sentado en las rodillas de mi Madre y escondía la cara de toda la gente que había. Tantas caras, caras extrañas, veinte o treinta caras. Nunca creí que hubiese tanta gente en todo el mundo.

Ishi sopló tabaco puesto en la palma abierta de su mano hacia el Waganupa y hacia las Direcciones de la Tierra —oeste, norte, este y sur—, diciendo una plegaria. Luego volvió a sentarse en la Roca Negra con los ojos cerrados, pensando en su valiente padre. Mucho después abrió los ojos, sorprendido de estar todavía en la Roca Negra, con su capa muy apretada al cuerpo y contra un viento frío. El Monstruo gritaba, lejos y solitario, y el Sol se iba bajo el borde de la tierra, con su peinado rojo como si fuese un pájaro carpintero pelirrojo. Ishi recogió la cesta con su marmota.

A la Madre le gustará esta gorda.

Corrió hacia casa entre la oscuridad invernal y el Tío Mayor lo encontró al acercarse a la aldea. Puso una mano en el hombro de Ishi. «¿Dónde has estado todo este tiempo, Hijo del Hermano Menor? He estado preocupado por ti.»

«Estuve en un lugar secreto de rezar, Tío Mayor. Allí me vino un sueño que no he comprendido. Recé pidiendo sabiduría para combatir a los saldu, pero el sueño no me trajo ninguna clase de sabiduría.»

«Apártalo de tu pensamiento hasta más tarde; luego cuéntamelo.»

Después de la comida de la tarde, el Tío Mayor se excusó para buscar algo en el almacén y se llevó consigo a Ishi. «Cuéntame tu sueño ahora, Tehna-Ishi.»

«No es la primera vez que lo he soñado. El sueño siempre discurre por el Gran Valle de donde procede mi Madre, junto al Río Daha. En el sueño de hoy, estaba sentado cerca del borde del cañón como cuando estoy despierto. Luego ya no estaba allí. Estaba en el Riachuelo de Yuna, buscando mi camino bajo la nieve y entre el agua. Descendía más y más, nadando, por las cascadas, atravesando la garganta del cañón, fuera de las colinas del Mundo de los Yahi y atravesando el Gran Valle.

»Esta vez no me detuve allí, sino que era arrastrado al Río Daha y descendía por este río a la Acumulación de Aguas de que habla el Abuelo y hasta dentro del Océano Exterior.

»En el Océano Exterior, el Salmón Sagrado me esperaba. Permanecía con él hasta que pasaban las lunas de la nieve y era la época del Año Nuevo y de la luna del trébol verde. Entonces volvía a casa con el Salmón, nadando como nada él desde el Océano Exterior hacia el Río Daha, hacia el Riachuelo de Yuna, que iba crecido como le ocurre en primavera, ascendiendo por las cascadas, saltando entre los grandes cantos rodados como hace el Salmón.

»Luego desperté. Una vez más estaba en la parte alta del cañón; hacía frío; y el Sol estaba yéndose bajo el borde de la tierra.»

El Tío Mayor mantuvo una mano sobre el hombro de Ishi. Su voz sonó amable. «Dobla el arco dentro de tus fuerzas, Hijo mío. Utiliza para tu honda las piedras adecuadas a su mano. Y no te preguntes por la intención de los Dioses en los sueños que nos envían. No sé lo que significa tu sueño, pero es un Sueño de Poder. Sigue el Camino y, en las lunas venideras, aprenderás su significado... Hace frío, vamos dentro.»

Cuando Timawi hubo encendido el fuego del watgurwa y los tres hombres e Ishi estuvieron sentados alrededor, el Tío Mayor dijo: «Hablamos aquí mucho de los saldu. Te toca a ti, Abuelo, enseñar a Timawi e Ishi todo lo relativo a los Dioses y los Héroes, pues estás lleno de sabiduría. Yo debo darles las habilidades de los pies, de las manos, de los ojos y de la nariz propias de los wanasi. Por lo demás, deben aprender a evitar al enemigo en sus pensamientos al igual que lo esquivan en las praderas y los montes».

Timawi habló cuando hubo terminado el Tío Mayor. «¿Quieres que olvidemos lo que los saldu hicieron al Pueblo? ¿Lo has olvidado tú?».

«¿Olvidar? Timawi, hablas como una marimi, una mujer... No es lo mismo recordar que dejar nuestro Camino por un camino de violencia y de error.»

Timawi no quedó satisfecho. «Ishi y yo somos, como tú dices, wanasi; somos jóvenes y fuertes. Nuestro deseo es vengar los agravios hechos a nuestro Pueblo.»

«¿Vosotros dos solos? Mi Hermano Menor y yo tratamos de responder a la violencia con la violencia. No se trata tan sólo de que seáis dos contra un enemigo que suma muchas veintenas. Vosotros, como lo era todo nuestro Pueblo, estáis preparados para el arco silencioso del cazador que sólo caza para vivir él y los de su wowi. Las armas que sostiene en las manos no fueron hechas para cazar hombres; no entiende de colgarse al cinto la cabellera de otro como tú, Timawi, te cuelgas del cinto esa cola de mapache.

»Yo no he olvidado a los destructores del Pueblo; no me olvido de los saldu que dejaron a mi Hermano Menor inmóvil delante de su propia casa, que nos cazarían si supieran que estamos vivos. Pero no todos los saldu, no la mayoría de los saldu, son dawana, peligrosos. Hay saldu que no nos desean ningún mal, que no arrancan cabelleras, que sólo cazan para comer; su Camino es un camino de paz. Recordad esto, Timawi e Ishi, en las lunas por venir, cuando yo no esté para recordároslo.»

Ishi preguntó: «Entonces, Tío Mayor, ¿por qué esos saldu no impiden a sus dawana que hagan el mal?»

«No lo sé, Thena-Ishi. Creo que yo soy demasiado viejo para entender a los saldu, y que tú eres demasiado joven. Pero no siempre serás joven… Quizá los saldu no estén bien enseñados por sus Ancianos. Quizás hayan olvidado las enseñanzas en su largo viaje por los desiertos.»

Envuelto en su manta de piel de conejo cerca del Tío Mayor, Ishi escuchaba la respiración soñolienta de los hombres. Sentía dolor en los brazos, en las piernas y en la cabeza. Las palabras del Tío Mayor se repetían solas una y otra vez.

Ser wanasi, casi adulto, no es fácil. Con la mano en el arco, durmió y soñó con Tushi. Sus mejillas eran rojas como las bayas del toyón y llevaba el collar de conchas con las nuevas cuentas de flores. Corría sobre la nieve profunda, y mientras corría los saldu dawana alzaban sus palos de fuego contra ella. Querían la cabellera de Tushi. Deprisa, deprisa, él lanzaba flecha tras flecha, pero caían a poca distancia y desaparecían en la profundidad de la nieve. No le quedaban más flechas y cavaba y cavaba en la nieve pero no encontraba sus flechas.

Ishi se despertó. *Tiene razón el Tío Mayor. No es bueno pensar siempre en el enemigo.*

Yació de espaldas, contemplando bien despierto el círculo del Mundo Celeste que podía ver por el agujero del humo. Allí, en lo más alto del cielo, estaban las Cinco Estrellas Hermanas, danzando. *Conocí las Estrellas Hermanas antes de conocer el Monstruo. Me las enseñó mi padre. Miré y me reí porque él las señalaba y se reía. Desde aquel momento, siempre tengo ganas de reír cuando las veo.*

Se puso de lado y se durmió. No entraron en sus sueños más saldu dawana; sólo las Estrellas Hermanas, que danzaban y danzaban.

«Las lunas de la nieve siguen después de que les haya pasado su turno», dijo el Abuelo, tiritando de frío. «Es igual que la primera vez que vinieron los saldu.»

Era la época de la migración primaveral del salmón, del trébol verde, de que los venados regresaran de la montaña con sus cervatillos recién nacidos; la época de que la vieja tierra se quitara de encima la manta de nieve y comenzase un Año Nuevo para el Pueblo.

Pero había hielo en el cañón donde no daba el sol; no había venados, ni yemas verdes, ni tréboles. La Madre rascaba el fondo de las cestas de comida llenadas en la época de la cosecha. Timawi e Ishi pusieron más trampas de lazo; cavaban con palos en las madrigueras; llevaban a casa lo que podían –un pájaro de las nieves, un ratón de campo, una ardilla listada–, para que la Madre lo echara en el estofado, hecho ahora con las últimas bellotas, que sabían a viejas y pasadas.

Una mañana, Ishi estaba tendido en un afloramiento de rocas, rascando el liquen que crecía sobre la piedra. Serviría para dar sabor al estofado de la Madre y, quizás, Timawi encontrara alguna cosa; había ido al agujero de un viejo tejón para ver si encontraba algún cuadrúpedo dormido.

Mientras rascaba, Ishi practicaba la jerga de la maleza. Chillaba como el ratón de campo, olía como el conejo, cotorreaba como la ardilla. Un conejito de rabo algodonoso salió de la maleza, brincando y acercándose cada vez más a él. Ishi dejó en el suelo el rascador y puso las manos en forma de cuenco sobre la roca, olisqueando suavemente y moviendo los labios. De un último brinco, el conejo aterrizó entre las manos de Ishi. Una vez dentro se acomodó, doblando las orejas hacia atrás. Ishi levantó el conejo a la altura de su cara. El latido del corazón hacía que la suave piel le pasara como una brocha contra la mejilla, no con el desigual golpetazo del miedo, sino con un latido regular.

Timawi llamó: «¡Yagka, yagka!» Quería que Ishi acudiera. Ishi puso el conejito en el suelo. *Tengo hambre. Mi Pueblo tiene hambre. La obligación del cazador es coger lo que pueda. Pero este cuadrúpedo no lo cogeré. Ha venido a mí sin miedo, sabiendo que no estaba de caza.*

Ishi encontró a Timawi en un roble desnudo donde él y una ardilla gris atenta se llamaban el uno al otro con idénticas voces rezongonas. La ardilla no se le acercaría ni estaría quieta lo suficiente para que Timawi pudiese utilizar la honda o el arco. Señalaba un aliso situado colina abajo del roble y, cuando Ishi estuvo listo con una flecha tensando la cuerda del arco, Timawi hizo temblar el roble con todas sus fuerzas. La ardilla dio un gran salto en dirección al aliso; Ishi le disparó en el momento que caía. Desollaron la ardilla y la llevaron a casa, con el peludo rabo colgando del cinturón de Ishi.

La Madre puso la ardilla y el liquen en la cesta de la sopa, pero movió la cabeza de un lado a otro. El Abuelo y la Abuela estaban sentados junto al fuego. En realidad nunca estaban calientes estos días en que faltaba comida. Ishi vio cómo les temblaban las manos cuando cogieron las cestas para que se las llenaran.

Más tarde, cuando llevó leña para el fuego de la Madre, dijo: «Los Ancianos no deben pasar hambre».

«Los Jóvenes no deben pasar hambre», fue la respuesta de la Madre. «El hígado de ciervo, el salmón opulento y el aceite de las nueces frescas es lo que hace que los huesos crezcan fuertes y derechos.»

La Madre come menos que todos nosotros. Lleva la mano de la cesta a la boca para acabar al mismo tiempo. Pero no contiene nada dentro... El Tío Mayor tiene más cuidado en agradecer a la Madre la comida en los días de hambre que en los días de mucha comida. Ayer dijo: «Sólo tú, Esposa de Mi Hermano Menor, puedes hacer tales gachas con las bellotas amargas». Hoy ha dicho: «Tienes buenos wanasi para que te cacen; en tu fuego comemos estofado de ardilla fresca en la época de la última luna de la nieve».

La mañana siguiente fue apacible, clara, muy fría. Ishi y Timawi visitaron sus trampas; no había nada en ninguna. Se apretaron más los cinturones, tratando de no pensar en el hambre. Fueron a casa con un nido de ratones. Los pájaros y los cuadrúpedos, como el Abuelo y la Abuela junto al fuego, se quedaban en sus nidos y agujeros, esperando hambrientos el Año Nuevo.

La Madre hizo un guiso con los ratoncitos y un puñado de harina de bellotas: fue todo lo que tuvieron para comer aquel día. El Tío Mayor no propuso ir al watgurwa; los hombres estarían en el fuego de la Madre hasta que pudieran volver a cazar.

Las mujeres se sentaron a jugar al juego de los palitos; nadie habló de tener hambre. Ishi y Timawi masticaban tendones para las cuerdas de los arcos. Ishi preguntó: «Tío Mayor, ¿por qué tenemos arco de caza pero no arco de lucha, ningún arco destinado al enemigo?»

«Es debido a una batalla –la primera batalla del mundo– que tuvo lugar entre dos Héroes de los Viejos Tiempos. Es una historia que interesa a los hombres; como las mujeres tienen su juego, te la contaré... Los Héroes se llamaban Ahamila y Jikula. Todo iba bien entre ellos hasta que ambos desearon casarse con la hija de la Luna. Ella eligió a Ahamila. La suya era una casa de paz y les nació un hijo, llamado Topuna.

»Pero Jikula no olvidó; esperó su oportunidad de venganza, y esa oportunidad llegó en primavera. Ahamila dirigía a los cazadores que iban a cazar ciervos y a llevárselos al Dios Jupka. Jikula utilizó una poderosa magia que hizo invisibles los ciervos. Durante toda una luna, Ahamila y los demás buscaron entre la maleza y los prados, y al final volvieron a casa sin haber visto ni un ciervo. Hubo quejas entre los cazadores.

»Entonces Jikula se jactó de su magia, cuando todavía iban de regreso, y comenzó una batalla entre Ahamila y sus hombres y Jikula y sus hombres: la primera batalla del mundo. Lucharon con lanzas, hondas y arcos. Murieron muchos por ambos bandos y Jikula mató a Alahamila. La batalla pudo haber seguido hasta que hubieran muerto todos los combatientes, pero Jupka oyó el ruido y fue adonde estaban luchando. Lanzándose entre las líneas de los combatientes, gritó: "¡Basta! Regresad, todos vosotros, a vuestros watgurwa". Y así terminó la batalla.»

El Tío Mayor hizo una pausa; Timawi tenía una pregunta: «Los Héroes debieron de aprender mucho en esta batalla sobre la guerra. ¿Qué fue lo que se dijo en los consejos de los watgurwa?»

«Aprendieron un poco, Timawi. En el watgurwa, Jupka y Kaltsuna acordaron sólo dar al Pueblo Yahi armas de caza y enseñarlos a vivir en paz entre ellos y con sus vecinos.»

¡Dos largas hileras de Héroes Yahi combatiendo con hondas, lanzas y arcos!... Con un arco de caza, mi padre luchó contra veinte saldu.

La Abuela puso en el suelo sus palitos rojos y dijo: «Ese no es el final de la historia».

«Se convierte en un cuento de mujeres», replicó el Abuelo.

«Entonces puede contarlo una mujer... Topuna vivía con su Abuela. Le dijo: "Madre de mi padre, ¿por qué lloras?"»

«Lloro porque no hay nadie que vengue la muerte de tu padre.»

«Dame los arcos de mi padre, Abuela.

»Se los entregó. Él escogió el más fuerte, el que tenía la cuerda hecha con el tendón del brazuelo de un ciervo macho; y practicó hasta que supo disparar el arco igual que lo hacía su padre. Un día, Jikula fue a cazar pájaros, escondiéndose en un árbol. Topuna, que no había sido visto por Jikula, se escondió en el árbol de al lado. Allí, hizo el grito del pájaro carpintero pelirrojo, el zumbido del colibrí y la canción del pinzón amarillo. Jikula se fue acercando más y más; y un pie sobresalió de las hojas del árbol. Topuna disparó, entrando su flecha en el talón de Jikula con tal fuerza que este cayó al suelo, donde quedó incapaz de moverse.

»Entonces Topuna disparó otra flecha y otra, atravesando a Jikula con una doble fila de flechas, una por arriba y otra por abajo. Llamó a la Abuela, que fue corriendo. Cuando ella vio lo que había hecho su nieto, bailó una y otra vuelta alrededor de Jikula, cantando: "Jikula no volverá a levantarse. Jikula, el que mató a mi hijo el Héroe Ahamila, no matará más". Así murió el Héroe Jikula.»

Cuando esté acabado mi nuevo arco de caza y el Tío Mayor diga que puedo doblarlo, seré como Topuna con el arco de su padre... Timawi y yo no somos como los Héroes Ahalamila y Jikula; nosotros vivimos en paz como Jupka dijo que hiciéramos. Hagamos, pues, que el enemigo se mantenga fuera de nuestros cañones; lejos de nuestros watgurwa y de nuestros wowi, de nuestros Ancianos, nuestros Majapa, nuestra Madre y nuestra Prima. Si vienen, Timawi y yo recordaremos a mi padre; recordaremos a Topuna.

Tushi estaba dormida cuando la Abuela terminó la historia de Topuna, pero el hambre mantenía a los demás al borde del sueño. El fuego se apagó; no había ruido ni movimiento.

Luego –había pasado ya la medianoche– hubo un fragor y un estruendo y la casa cubierta de tierra tembló. Los pinos y los abetos de las altas laderas gimieron y se quebraron al desgarrarlos el viento, que bajó quejándose al cañón y se arremolinó dentro de Tuliyani.

El humo y el polvo penetraron por el agujero del humo, llenando el wowi, sofocando a quienes estaban en el interior. Timawi amontonó leña seca sobre el fuego, que se incendió y obligó a que saliera el humo y el polvo. Los Yahi, viejos y jóvenes, sonrieron al escuchar el crujido de las ramas caídas y el gemido del viento entre los árboles. Había llegado la primavera, traída por los grandes vientos del Waganupa, como llegaba desde el comienzo del mundo.

Por la mañana, las casas y los senderos estaban cubiertos de ramas quebradas y hojarasca de los pinos, se había caído al sendero y las redes y las trampas de Ishi estaban destrozadas y enredadas. Con la salida del Sol, los vientos abandonaron Tuliyani; a los vientos siguió una lluvia cálida y plácida. Aquel día no hubo nada para comer. La Abuela coció un té de hierbas fuerte y lo bebieron en lugar de comer.

La lluvia cayó durante todo el día y toda la noche, mientras el Año Nuevo nacía bajo la tierra caliente: los pálidos retoños de bulbos y semillas dormidos se abrían paso hacia la luz.

Por la mañana, las plumas coloreadas del Sol tremolaban arriba, en el Mundo Celeste, arrojando calor sobre la tierra que despertaba. Y en las colinas pardas, de una punta a otra de las paredes del cañón, sobre los cantos rodados y las rocas desnudas, brotaban los tréboles nuevos y tiernos. Era el Año Nuevo, la época de la luna del trébol verde.

La nieve del Waganupa se deshizo y llenó los torrentes de agua blanca y rugiente durante cinco días. Los tréboles crecieron hasta el tamaño de recogerlos y comerlos, y al cabo de cinco salidas y puestas de sol, se aquietaron las aguas del riachuelo. Timawi e Ishi hacían carreras del watgurwa al riachuelo, dentro del riachuelo y bajo el agua hasta perderse de vista. En pie de nuevo, fuera del agua, gritando y braceando, levantaban en sus manos dos salmones, cogidos vivos, resplandeciendo con los colores de la luna: el Salmón Sagrado que cada primavera regresa del Océano Exterior por el Río Daha al Riachuelo de Yuna.

Más y más salmones nadaban ascendiendo contra la corriente. Timawi e Ishi los arponeaban cuando se cansaron de coger los peces con las manos. Llenaban cestas y las llevaban a la Madre, volviendo al riachuelo a la carrera en busca de más.

La comida de la tarde fue cocinada al aire libre después de que se hubo ido el Sol. Fue una fiesta y la Madre también comió peces frescos del mar y tréboles verdes tiernos. Jóvenes y viejos comieron alimentos de la primavera y del Año Nuevo. Dieron gracias al Salmón y guardaron las espinas, poniéndolas a secar cerca del fuego. Más tarde, cuando las espinas se convirtieron en harina, las comerían, para que el poder y la fuerza del salmón penetraran en sus cuerpos.

Durante cinco días, Ishi estuvo dos veces en el riachuelo, con el agua hasta la cintura o más arriba, pescando y pescando. Buceó bajo el agua. Nadó aguas arriba, esforzándose contra la corriente, como nada el Salmón. Sin aliento, salía del agua a un peñasco del centro de la corriente, donde yacía boqueando como un pez encallado. La espuma le lavaba y los resplandecientes cuerpos en forma de flecha de los salmones acometían desde detrás de él, saltando fuera del agua. Regresó a su sueño, nadando, saltando hacia casa desde el Océano Exterior.

Tengo hambre. Soy el pescador de mi Pueblo. ¡Soy el Salmón! Salto, siempre aguas arriba, contracorriente, desde el Océano Exterior hacia mi casa en el Riachuelo de Yuna.

Mientras Ishi vivía el inicio de la primavera, mitad pez y mitad Yahi, la Madre, la Abuela y Tushi vivían la primavera de las mujeres Yahi.

La Madre fregaba las cestas de almacenar, luego las ponía a secar al sol de costado. La Abuela extendía las capas de pieles y plumas, y las esteras y las mantas de piel de conejo y de oso donde les diera el sol. Restregaba arena contra las pieles, y luego las cepillaba de nuevo para limpiarlas. Cuando estaban bien soleadas, las enrollaba en alfombras de hierba y las colocaba en las estanterías del umbroso almacén. Las lunas de la primavera, el calor y la cosecha envejecerían antes de que plumas y pieles fueran desenrolladas.

Después de cada comida, Tushi extendía las raspas de salmón sobre una estera al sol hasta que se secaban. Luego las ponía en un mortero de piedra y las molía hasta hacerlas harina. Ishi y Timawi, camino del riachuelo con sus arpones, se detuvieron para observarla. El sudor le brillaba en brazos, piernas y cuerpo; la falda de corteza de árbol hacía shu shu, y las conchas del collar se cimbreaban y cascabeleaban al trabajar. Se enderezó para echarse hacia atrás la cesta-sombrero y apartar el pelo de los ojos. Las cuentas de concha quedaron quietas y blancas contra su garganta.

Ella es la bella, la dulce: la Muchacha de la Concha Blanca. Ella es la jovencita de la historia de la Abuela: su padre le hizo una fiesta en la época de la luna del trébol verde, y dado que ella era joven y dambusa, el Pueblo danzó para ella dando vueltas por el borde del mundo. Quisiera que el Pueblo fuesen muchos; entonces podríamos dar vueltas por el borde del mundo para Tushi.

Cuando la molienda estuvo hecha, la Madre, la Abuela y Tushi cogieron palos de cavar y anduvieron por la colina, recogiendo y cavando, y regresaron con las cestas llenas. Recolectaron tréboles y otras verduras para guisar el estofado de carne fresca de ciervo. Arrancaron bulbos, unos dulces, otros picantes. Recogieron flores de lis y helechos. En las laderas soleadas de las colinas había margaritas y altramuces; en las hondonadas sombrías, violetas y trilios.

Sobre las flores revoloteaban la mariposa jupka y otras mariposas cuyas alas negras, naranjas y marrones recordaban a Tushi los dibujos que estaba aprendiendo a trenzar en las cestas. Hasta donde alcanzaba la vista, las colinas estaban cubiertas de una suave alfombra de tréboles y flores brillantes, con mariposas agitándose por encima. Con las cestas llenas, las mujeres de Tuliyani se sentaron un rato al sol, disfrutando de las flores y de las mariposas; y vieron que el Mundo de los Yahi era dambusa, tal como Jupka había pretendido que lo vieran.

La primera migración de salmones de primavera había terminado; el trébol comenzaba a hacerse fuerte y duro. El Tío Mayor dijo a Ishi: «Mañana doblaremos tu arco. Es el momento de cazar el ciervo de primavera; más vale ahora, antes de que los saldu se les echen encima con sus palos de fuego y huyan los ciervos, asustados, a las montañas.»

El arco estaba acabado; había sido templado durante dos lunas. Ishi había ayunado antes de cada paso de su hechura. Había ido a un lugar de plegarias, en los enebros sobre Tres Lomas, a rezar y cortar leña para el fuego sagrado del watgurwa. Siguiendo las instrucciones del Abuelo, había conformado, doblado y pulido su arco y lo había reforzado con tendones. El Abuelo dijo que estaba reforzado con mucha más fuerza que muchos arcos de mayor longitud y peso.

«Para tener un arco fuerte y zumbante», dijo el Abuelo, «mantén el arco sobre una piel de ciervo o en su propia funda siempre que no lo transportes. Pertenece al watgurwa, no al wowi. Y debe estar echado sobre la espalda, no sobre la cara. Nunca dejes tu arco en pie: sudará y se cansará y se debilitará; ya no será un arco que dispare lejos. Necesita descansar al igual que hace el cazador».

Ishi no comió nada la mañana en que dobló su arco por primera vez. Fue al lugar de rezar antes de que hubiera luz, corriendo todo el camino a la ida y a la vuelta. Rezó a Kaltsuna, el Hacedor de Flechas. Tomó un baño de sudor en el watgurwa y nadó en el riachuelo. El Tío Mayor, el Abuelo y Timawi lo observaron mientras encordaba el arco por primera vez vez y luego, lentamente, lo doblaba hasta tensarlo completamente.

«¡Aiku tsub! ¡Está bien!» El arco de Ishi tenía forma de luna creciente.

«¡Ahora!» El Tío Mayor señaló hacia un tocón podrido. Ishi disparó una flecha, a poca altura del suelo, que horadó el tocón en su centro muerto. Su siguiente disparo fue en cuclillas, con sólo las plantas de los pies apoyadas en el suelo. En esta posición, lanzó muy a la derecha y muy a la izquierda. Luego, puesto en pie, disparó por encima de la cabeza, acertando su flecha en la lejana y bamboleante hoja de plátano que el Tío Mayor pusiera como blanco.

«Aiku tsub. Aiku tsub. Las flechas van derechas y certeras.» El Tío Mayor dio a Ishi una funda para el arco hecha de rabo de león de la montaña. «Ten esto que he hecho para ti; recubre y guarda bien tu arco. Eres un auténtico wanasi. Cuando los hombres de Tuliyani vayan a cazar venados, tú irás con ellos. Y si viene el enemigo, dispararás tu arco como tu padre disparó el suyo.»

La primera vez que Ishi llevó el nuevo arco a la Roca Negra, lo subió hasta los labios, rozando ligeramente la cuerda. Cantó una antigua canción Yahi con la cuerda zumbante.

> ¡Hini-yasha!
> ¡Ru-hi-yamba!
> ¡Bi-banya!
> ¡Hini-yasha!
> ¡Hini-yasha!
>
> ¡Las canciones van!
> ¡El sendero del ciervo siguen!
> ¡El ciervo cazan!
> ¡Las canciones van!
> ¡Las canciones van!

Aguardó hasta que llegó el Monstruo y se fue por el lejano valle. *Mi nuevo arco debe conocer el Monstruo como lo conocía el viejo.*

¡El tío mayor dice que debo matar al primer ciervo del Año Nuevo! ¡Timawi y yo vamos hoy de caza! Nosotros, los wanasi de Tuliyani. Hemos ayunado y rezado y tomado el baño de antes de la caza. Dentro de muchas lunas, cuando haya llevado al poblado muchos ciervos, me llamarán Ishi el Cazador.

> ¡Hini-yasha !
> ¡Ru-hi-yamba!

Durante toda la noche, Ishi habló en sueños con su arco; él y Timawi estaban en camino antes del amanecer. Se enjuagaron las bocas con agua limpia, pero no tomaron alimentos. Sólo comerían después de regresar de la caza.

Cada wanasi llevaba en su gran cinto de piel de ciervo su cuchillo más afilado de piedra de cristal, envainado en piel de topo. Un carcaj lleno colgaba del hombro izquierdo y bajaba por la espalda, y bajo el brazo izquierdo llevaba otras tres flechas, al alcance de la mano sin cambiar de postura. También llevaron consigo una medida de cuerda, una cesta y una cabeza de ciervo disecada.

Empezaron a oler a ciervo antes de llegar a Tres Lomas. Manteniéndose a sotavento, hicieron un círculo en torno a las colinas, olisqueando, escuchando, probando el aire y la tierra en busca de cualquier señal de los saldu. Sólo se hacían señas entre sí mediante ruidos de pájaros y animales. Al fin, convencidos de que no había saldu, Timawi se escondió detrás de la cima de una colina e Ishi se agachó, con el arco doblado y listo, en un grupo de encinas, un poco ladera abajo con respecto a Timawi.

Timawi comenzó a imitar a los pájaros y conejos. Dos ciervos machos estaban al borde de la espesa maleza. Timawi hizo unos cuantos gritos de cervatillo; los ciervos levantaron la vista, pero volvieron a su pasto. Se cubrió la parte superior de la cabeza con la cabeza de ciervo, se irguió de modo que la cabeza quedara visible entera, luego la balanceó arriba y abajo, y la giró de un lado a otro, como si estuviera mirando y probando. Ahora los machos se interesaron; olisquearon el aire; no encontraron nada alarmante. Dejaron de pastar y se fueron acercando a la extraña cabeza bamboleante.

El campo de tiro era bueno, conforme se iban acercando a Timawi, y no estaban demasiado lejos. Ishi disparó sin alterar su postura agachada. Disparó demasiado alto; la flecha silbó rozando por encima el lomo del macho que iba delante, como si un pájaro pasara sobre él, y se alojó en un laurel. El macho sacudió una oreja al pasar la flecha, igual que hubiese hecho de ser un pájaro; siguió avanzando hacia Timawi. Ishi volvió a disparar; esta flecha fue penetrante, un buen disparo por debajo del brazuelo. El ciervo dio un golpe hacia arriba con la cabeza y un paso vacilante. Luego bajó la cabeza, se le doblaron las patas; estaba en el suelo.

Ishi se acercó deprisa, pero sin mover nada ni hacer ruido, sacando el cuchillo de la vaina mientras se acercaba. De un fuerte golpe en el cuello del ciervo agonizante, completó la muerte. El otro ciervo y los pájaros y los conejos que estaban cerca desaparecieron en la espesura: habían olido la sangre y la muerte, como cuando mata el león de la montaña. Pero no hubo pánico, ninguna clase de estampido ni de carrera. El segundo macho siguió mordisqueando los nuevos retoños de árbol que había abandonado al interesarse por la cabeza balanceante.

Durante un momento, Ishi quedó solo sobre el ciervo caído. Dijo en voz baja: «Te doy las gracias, Waganupa, Montaña del Centro del Mundo, por enviarme este ciervo. Te doy las gracias, Kaltsuna, el Hacedor de Flechas, por guiar mi flecha». Éstas fueron las primeras palabras que pronunció desde que dejaron el cañón.

Se acercó Timawi y, juntos, ataron la cuerda alrededor del ciervo, luego sujetaron una punta alrededor de una gran rama de roble y alzaron el cadáver hasta que quedó colgando, justamente por encima del suelo y cabezabajo. Timawi dijo: «Es tu ciervo, tú lo mataste: tú debes hacer el primer corte». Con mano firme, Ishi cortó desde el rabo hasta la quijada, abriendo el vientre: el corte que iniciaba el desangramiento, la monda y el desuello.

Timawi dijo: «Este ha caído a la primera porque tu flecha le horadó el corazón». Le entregó la flecha a Ishi, quien quitó la punta de piedra de cristal, la limpió rascándola con hojas y la echó en su bolsa de los tesoros.

Cuando el ciervo estuvo desollado, Ishi pasó la mano por el pellejo. «No tiene defectos. La Madre tendrá una nueva falda caliente este invierno.»

Envolvieron en hojas verdes el corazón, el hígado y las vísceras blandas y los guardaron en la cesta. Los grandes trozos de carne y los huesos los envolvieron en la piel del ciervo, haciendo un fardo que ataron con cuerdas. Cuando hubieron terminado, esparcieron tierra fresca, piedras y hojas por el suelo situado bajo el roble; no quedó rastro de la monda y carnicería del día.

Una vez a lo largo del día pasó un saldu por el sendero próximo adonde estaban. Se pusieron cuerpo a tierra e inmóviles, mientras oían cada vez con más y más claridad el clac-clac de los cascos del burro. Tal vez los oliera el burro; dio un respingo y luego continuó el ruido de los rasconazos contra la maleza espinosa, de un cazo que cayó resonando y de la voz aguda del saldu; y luego el rebuzno estrangulado y mal sonoro del burro.

Tan pronto como prosiguió el clac-clac de los cascos sendero adelante, los dos cazadores treparon por el laurel al que había ido a parar la primera flecha de Ishi. Vieron un saldu barbudo que llevaba un burro cargado con una manta enrollada, pico y pala, una olla negra, y la gamella y la artesa de madera que utilizaban para lavar el polvo brillante de los riachuelos. El saldu no olió nada raro; siguió con los ojos en la senda.

«No piensa en otra cosa que en el polvo brillante que le proporcionará poder», señaló Ishi al respecto.

Timawi dijo: «Todos los cuadrúpedos de los saldu tienen voces extrañas: el burro, el caballo y la vaca. Entre nosotros, sólo el somorgujo tiene una voz tan desagradable».

«Así son las voces de los saldu, desagradables y extrañas.» Practicaron el rebuzno de burro, pero en voz baja; el Tío Mayor no les permitía utilizarlo en el cañón porque podría atraer a los saldu hasta allí.

Ishi se acordó de arrancar su flecha del árbol. *El cazador recupera su flecha. Cuesta mucho trabajo hacer una flecha y una punta de flecha es un tesoro.*

Cuando Timawi e Ishi llegaron a Tuliyani con la primera carga de ciervo de primavera, ya estaba oscuro.

Durante la segunda luna del Año Nuevo, los hombres salieron del watgurwa para cazar ciervos, mientras la Madre, la Abuela y Tushi arrancaban raíces frescas y blancas de camas, de anís, de brodiaea y de otras muchas plantas bulbosas. A veces envolvían las nuevas raíces arrancadas en hojas de plátano y las guardaban en las cenizas calientes del hoyo del fuego, con más hojas encima y luego una capa de piedras calientes. Allí se cocían lentamente las raíces durante todo el día y, en la comida de la tarde, la Madre daba a cada persona un manojo con varias clases de raíces cocidas en su envoltorio de hojas de plátano.

Las cerezas y las ciruelas maduraban a finales de la primavera. Había setas para coger en los lugares de profunda oscuridad, mientras estaban pálidas y tiernas. Y una por una, las distintas bayas iban madurando conforme los días eran más cálidos y cada una era cogida a su tiempo, para comerla fresca o seca.

No volvería a llover hasta que las lunas del calor y de la cosecha envejecieran y dejaran paso a las lunas de la niebla, la lluvia y la nieve de finales del otoño y el invierno. Cada día el sol brillaba con más calor y durante más tiempo. Las margaritas y los altramuces desaparecieron; se formaron vainas de semillas allí donde antes habían habido flores. La alfombra primaveral que era verde sobre las colinas se volvió amarilla, luego se fue quemando con el sol hasta hacerse oro castaño. Hierba y los cuerpos bronceados al sol del Pueblo de Tuliyani tenían el mismo color.

Viejos y jóvenes, todos gustaban de las lunas del calor. Dormían a cielo abierto y trabajaban a la leve sombra de cobertizos de hojas que se removían a la menor brisa. No llevaban ropas e incluso el Abuelo y la Abuela nadaban en el Riachuelo de Yuna todos los días. Timawi e Ishi se bañaban antes y después de cazar, mientras pescaban y después de que el Sol se hubiera puesto y comenzara a refrescarse la tierra cálida. Atravesaban el río y volvían, y nadaban distancias más largas, aguas arriba y aguas abajo, con los ojos abiertos debajo del agua, aprendiendo dónde estaban los cortantes de las piedras y dónde las hoyas profundas donde se escondían las truchas.

Tushi nadaba con ellos. Si el agua iba rápida o era profunda, se cogía a los largos cabellos de Ishi. Timawi e Ishi trepaban y descendían por las paredes de la garganta del cañón con cuerdas, cayendo en el agua sin ruido, igual que las serpientes de agua. Incluso si el cañón era una especie de hoyo del fuego y la noche estaba tranquila y cálida, a nadie molestaba. Aquel feroz calor formaba parte de la vida; era el momento de descansar entre los largos días y noches de cazar, pescar y recolectar de la primavera y la época de la cosecha. Hacía que los días y las noches hambrientos del invierno quedaran lejos y parecieran irreales.

«¿Por qué no se dice nada en el watgurwa de ir al Waganupa?» preguntó Ishi a Timawi. «Siempre hemos ido durante las lunas del calor; todos los Yahi anteriores a nosotros han ido.»

«El Tío Mayor ha decidido que es peligroso ir. Por allá hay saldu en todas partes, y el Abuelo y la Abuela no pueden correr ni trepar a los árboles para escapar de ellos, ni tampoco estar echados durante días en una cueva oscura, escondidos. Y es casi seguro que habría que hacer estas cosas en la montaña.»

«Entonces, ¿qué va a ser de ese ciervo otoñal que deberíamos coger, si no queremos pasar hambre durante las lunas de la nieve? Ese ciervo no se quedará en las colinas bajas estando en el aire los estallidos de los palos de fuego.»

«Quizá vayamos el Tío Mayor y nosotros dos.»

«¿No podríamos ir nosotros dos solos?»

«El Tío Mayor tiene miedo de que, si se presenta la ocasión, hagamos como Topuna y nos venguemos del enemigo.»

«¿Tú lo harías, Timawi?»

«Sí. En el fondo de mi corazón no puedo estar de acuerdo con el Tío Mayor.»

Timawi y yo hablamos muchas veces en estos términos. Yo deseo ir con él; para vengar a mi padre y a mi Pueblo. Pero —el Tío Mayor es el Majapa— no pueden producirse divisiones dentro del watgurwa. Además, ¿qué supone una venganza contra uno, o contra cinco, o contra dos veces cinco saldu? Eso no resucitará al Pueblo.

Pasaron las lunas cálidas; el Sol ya no estaba tan alto en el cielo como en los comienzos del verano; las sombras eran largas y frías en el cañón. Las bayas de manzanita, las bellotas, las avellanas y los piñones estaban maduros. El rojo pardo de las nueces maduras de los castaños de Indias brillaba a través de sus cáscaras. El Tío Mayor y los dos wanasi fueron a cazar en la montaña, tan tarde como se atrevieron. La caza fue buena; se escondían en cuevas durante el día, cazando sólo durante la noche y haciendo escondrijos de carne de ciervo que Timawi e Ishi llevaban a Tuliyani, también durante la noche. Aquello no se parecía en nada a la antigua forma de cazar en las montañas, que consistía en unos días felices para los cazadores, para las mujeres y para los niños, pero significaba que habría carne en las cestas.

Patos y gansos y cisnes silbantes estuvieron unos días de paso en el Prado Redondo. *Tushi y yo nos echamos en la hierba del prado, observando a estos pájaros de vuelo alto seguir a su guía por el Mundo Celeste. Van del norte al sur durante las lunas de la cosecha y del sur al norte durante las lunas del trébol verde, al igual que el Pueblo solía seguir a su Majapa a las montañas y luego de vuelta al cañón. Siguen a su guía como las plumas de pato y de ganso de una flecha siguen a la punta de piedra de cristal.*

Una vez más brillaron las lunas de la cosecha, llenas y relucientes. Era el momento de recoger las últimas bellotas, de llenar las cestas; la época de reforzarlo todo para las lunas de la lluvia y la nieve; la época de celebrar la Fiesta de la Cosecha.

2
La cueva

Tres veces llegaron a llenas y envejecieron las lunas de todas las estaciones. Tres veces despertó el Año Nuevo al Mundo de los Yahi, sacándolo del sueño invernal.

A veces el Tío Mayor llamaba a Ishi «Hermano Menor», ahora que los orificios de la nariz estaban dos dedos por encima de los de su tío cuando se colocaban codo con codo. «El Hermano Menor estaba dos dedos más cerca del Mundo Celeste que yo», decía el Tío Mayor.

«Es derecho y delgado como un aliso joven», dijo el Abuelo a la Abuela.

«Anda como su padre», dijo la Abuela. «Parece como si sus pies no tocaran la tierra.»

«También tira con el arco como lo hacía nuestro Hijo Menor, con el mismo movimiento de muñeca cuando la flecha sale lanzada de la cuerda del arco», dijo el Abuelo. «Eso no lo ve una vieja.»

«¡Su, su! Una vieja ve lo que ve. Ese wanasi es muy guapo. Me acuerdo de cuando tú eras guapo y llevabas el pelo enrollado en lo alto de la cabeza, como lo lleva él cuando ha estado en algún sitio, rezando y ayunando… ¿Dónde puede ir durante tanto tiempo estando los saldu y sus cuadrúpedos por todas partes, como ocurre ahora?»

El Abuelo no sabía la respuesta a la pregunta de la Abuela, pero ese no era asunto para tratar con las mujeres, así que respondió: «A un sitio u otro».

Había terminado la migración del salmón de primavera; Timawi e Ishi habían traído ciervos; las cestas estaban llenas. Era buena época para que el joven wanasi fuera solo a las colinas a la salida y la puesta del sol. Timawi había estado fuera y volvía a estar en casa. En el watgurwa, Ishi pidió permiso para ir. El Tío Mayor dijo: «Ve, encuentra un lugar de rezar para soñar, lejos de los saldu. Que tu sueño sea bueno y te traiga mucho Poder».

Ishi salió de Tuliyani antes del amanecer del día siguiente, mientras los demás dormían. *No iré al lugar de rezar. En vez de eso, viajaré a la vieja aldea y a las cuevas de que habla el Abuelo. Por él sé los nombres y algunas cosas que le ocurrieron al Pueblo en cada uno de los sitios.*

Puede ser peligroso ir adonde atacaron los saldu, adonde fueron arrancadas cabelleras. Puede haber por allí espíritus en pena, en busca de sus perdidos fardos de los tesoros, de sus cabelleras deshonradas, de sus cabellos robados.

Pudo haberme faltado coraje para este viaje, de no ser porque pregunté al Tío Mayor: «¿Cogieron los saldu la cabellera de mi padre?» Y él respondió: «Ni las manos ni los cuchillos de los saldu tocaron a mi Hermano Menor. Una sola bola de fuego le penetró, en la espalda y en el corazón». Luego pregunté: «Sus huesos, ¿dónde están?» Y el Tío Mayor rrespondió: «Están a salvo de los saldu y de los animales que escarban, en la Cueva de los Antepasados del Cañón de Banya…» ¡Su! Iré adonde el Pueblo vivió y murió. Esto puede ser el principio de un Viaje de Ensueño.

Solo, con su arco de caza, Ishi emprendió su viaje. Se mantuvo entre la maleza, excepto cuando estaba profundamente hundido en los cañones. Rehuyó los senderos y, cuando tuvo que atravesar alguno, lo saltó o bien borró sus pisadas. No dejó caer nada al suelo; no hizo fuego, sino que comió pan duro y tasajos que llevaba consigo, bulbos y verduras frescas, y frutas tempranas que arrancaba o cogía por el camino.

Vio mineros saldu, con sus burros, sus cacerolas y sus palas. Vio vacas, caballos y borregos de los saldu, paciendo en las tierras de los Yahi. Ni ellos ni sus perros ni sus pastores lo vieron ni lo olieron.

El Abuelo dice: «Mantente a sotavento del ciervo que cazas y de los saldu que te cazan».

Primero fue a la Roca Negra, donde rezó a Jupka y a Kaltsuna. El Sol salió por encima del Waganupa; lejos, muy lejos, el Monstruo llamaba: Pii-PIIII-pi.

«¿Tú también eres un Dios?», preguntó Ishi en voz alta. Cuando aventó pellizcos de polvo de tabaco sagrado en todas las direcciones, al final de sus plegarias, echó un poco hacia el Gran Valle, diciendo: «Para ti, oh Dios Monstruo.»

Luego fue hacia las tres lomas que dominaban la aldea del mismo nombre. Al igual que los primeros saldu, Ishi cogió el sendero escarpado que iba hacia la aldea, pero, una vez allí, siguió un sendero en dirección a una casa cubierta de tierra y destrozada, situada en el borde del poblado, cerca de los árboles, y entró en el interior de la casa.

Aquí viví con mi padre y mi madre. Aquí es donde aprendí a andar como el tehna, el osezno, y mi padre me dio el nombre de oso. Este es el agujero del humo por donde mi Padre me enseñó las Estrellas Hermanas Danzantes en el Mundo Celeste. Junto a este hoyo del fuego me hizo mi primer arco. En mi fardo de tesoros hay hoy tres de las flechas de sauce que me hizo mi padre, con pluma de ala de colibrí.

Ishi salió de su antigua casa.

Veinte saldu y más, escondidos detrás de las tres lomas, atacaron la aldea al amanecer mientras todo el mundo dormía en las casas. Recuerdo a mi padre escondiéndonos, a mi madre y a mí, en los árboles de detrás de la casa. La gente gritaba: el trueno de los palos de fuego llenaba la atmósfera; y había olor a quemado. Disparando desde el refugio de la pared de la casa, mi padre luchó contra el enemigo. Era su arco contra veinte palos de fuego y hubo algunos saldu entre quienes quedaron muertos en los senderos del poblado.

Río abajo había más saldu escondidos. Uno de ellos disparó y mi padre cayó —aquí— delante de su casa. La Madre corrió hacia él y lo arrastró a la maleza. Nadie la vio en medio del humo. Ella y yo yacimos junto a mi padre bocabajo, todo el día. Ella dice que yo no me moví ni grité ni hablé. Me parece que parte del tiempo estuve dormido.

Al fin oscureció y los saldu se fueron. El Tío Mayor y el Abuelo nos encontraron, a mi madre y a mí, aquí, junto a mi padre, y nos llevaron a Tuliyani. Recuerdo que el Tío Mayor me llevó en brazos y recuerdo que la Madre lloraba. Mi madre lloró todo el camino de bajada por el cañón y mi abuela lloró toda aquella noche y durante muchos días y noches. No olvidaré las lágrimas de mi madre ni las de la madre de mi padre.

¡Suwa! ¡El Espíritu de mi padre no me olvida! Ando como andaba mi padre. Sostengo mi arco como mi padre sostenía su arco. El arco gira en mi mano, aunque sea muy poco; mi brazo adopta una posición distinta. Oigo la voz de mi padre diciendo: «Así debe ser; hazlo así, bien, ¡aiku tsub!»

Desde Tres Lomas, Ishi atravesó el promontorio entre el Riachuelo de Yuna y el Riachuelo de Banya y rodeó la Pradera Alta hasta Bushki, donde había nacido Timawi. Bushki estaba cerca de los pies del

Waganupa, sobre una corriente de aguas poco profundas que fluía hacia el Banya; ningún salmón llegaba tan lejos.

Veo por qué Timawi dice que el cañón es como la trampa en que caen los osos. Aquí todo es abierto y la montaña está cerca; su cima cubierta de nieve parece estar a sólo un paso de la aldea. Timawi dice que vendrá conmigo alguna vez si salimos de los cañones y viajamos alrededor del borde del mundo.

Timawi se enfurecería de saber que, ahora, en medio del antiguo poblado se levanta la cabaña de un saldu; creo que no voy a decírselo.

Ishi descendió por el pequeño arroyo al Riachuelo de Banya y luego siguió descendiendo hasta el Cañón de Banya. Se detuvo en las muchas cuevas del cañón. Algunas habían estado habitadas durante su propia vida, otras sólo se habían utilizado como lugares de acampar al ir o venir de la montaña, o bien como escondites de comida durante la época de la cosecha.

Llegó a la Cueva de los Antepasados. Allí rezó y dejó una ofrenda de hojas de tabaco en la plancha de piedra situada dentro de la cueva. *Este es un lugar sagrado y de paz, no un lugar terrible como la Cueva Verde. Aquí, bajo la losa, yacen los huesos de los Yahi, cuyos Espíritus fueron liberados en el Sagrado Fuego de los Muertos. No había ningún Yahi vivo aquí cuando vinieron los saldu. Y los saldu no saben nada de los Antepasados.*

Fue bajando por el cañón hasta Gahma. Gahma estaba construida en una medialuna de tierra a nivel del riachuelo. Profundas y quietas, las aguas llegaban al borde redondeado de la antigua aldea. *Esta es la aldea donde nací. Yo sólo era un niño de pecho cuando la Madre y el Padre se fueron a vivir a la aldea de Tres Lomas, pero recuerdo algo de este lugar por las visitas que la Madre, el Tío Mayor y yo hacíamos. Veníamos a ver a los padres de mi madre y a celebrar con ellos una Fiesta de la Cosecha.*

Recuerdo a los hombres pescando desde la orilla cercana a los watgurwa; y me acuerdo de estar mirando, desde el agujero del humo, las aguas claras y oscuras. La Madre dice que Gahma era en los Viejos Tiempos la más bella de las aldeas de los Yahi. Los Yahi venían de todas partes a verla. La llamaban la dambusa Gahma.

Y fue en Gahma, en la casa de los padres de mi madre, donde por primera vez vi a Tushi. Ella y yo jugamos juntos en Gahma y, cuando estábamos haciendo nuestros paquetes para regresar a Tuliyani, Tushi se echó a llorar porque nos íbamos. Entonces la madre de la Madre hizo un fardo para Tushi y ella se vino con nosotros... Si se hubiera quedado en Gahma, hubiera muerto aquel día.

Cuando salimos de Gahma, nos detuvimos en lo alto del promontorio para mirar hacia atrás y decir adiós con la mano. Lo veo ahora como estaba aquel día: las casas de tierra roja apretadas unas a otras por el agua; los hombres arponeando y aventando cerca de los watgurwa; las mujeres recolectando semillas de brea en la ladera de detrás del poblado; los bebés en sus cestas-cunas, a cuestas de las madres o apoyados contra la maleza a la sombra; los chiquillos corriendo de un lado a otro por la ladera, jugando o ayudando a la recolección.

La Madre deseaba que pudiéramos quedarnos en Ghama. «Es mucho más bonito que el cañón de Tuliyani», dijo.

Avanzamos colina abajo, desde donde ya no podíamos ver Gahma. No habíamos llegado lejos cuando oímos, procedentes del otro lado del promontorio, las explosiones de muchos palos de fuego y el clac-clac de los caballos. Nos arrastramos sobre el vientre por la maleza mientras el Tío Mayor volvía a la cima desde donde era visible Gahma.

«Ve, ve donde haces falta», dijo mi madre. «Yo llevaré a estos dos a salvo a Tuliyani.» El Tío Mayor nos dejó y no regresó a Tuliyani en muchos días.

Ahora sé lo que sucedió aquí. El Tío Mayor me lo contó durante las pasadas lunas de la nieve. Los saldu a caballo sorprendieron al vigía situado encima de Gahma, luego cabalgaron colina abajo disparando y utilizando sus cuchillos largos. Nadie escapó en Gahma, ni quienes estaban en las colinas ni los del riachuelo. El Tío Mayor dijo: «Aquel día el Banya iba rojo de la sangre del Pueblo».

El agua es profunda y tranquila alrededor de la medialuna de Gahma, la dambusa Gahma. Tal vez en la Tierra de los Muertos exista tal poblado, donde se pueda mirar la oscuridad de las aguas desde el agujero del humo de los watgurwa.

Ishi abandonó Gahma y el cañón. Manteniéndose oculto, atravesó la Pequeña Cañada hasta la Cañada de las Bellotas, donde se echó al suelo cerca de la casa allí construida por un saldu.

Conozco esta casa. Una noche, hace siete ciclos de la luna, la Abuela, la Madre, Tushi y yo aguardamos aquí entre la oscuridad. El Abuelo, el Tío Mayor y Timawi entraron en la casa y mostraron al saldu que había allí sus tres mejores arcos de caza, pidiendo por señas que, a cambio de los arcos, nos devolviera a tres de nuestro pueblo que él había hecho prisioneros aquel día. Se trataba de una anciana, su hija y su nieta, que era tan grande como es ahora Tushi.

Los prisioneros estaban en la casa también, pero estaban atados y guardados por varios saldu con palos de fuego. Los saldu cogieron los arcos, pero no devolverían a las tres personas. *El lugar olía a peligro y la vieja gritó al Tío Mayor que se fueran antes de que los cogieran a todos. No se atrevió a quedarse. Los siete estábamos en la maleza espesa y entre la oscuridad antes de que los saldu se hubieran dado cuenta de que nos íbamos. Nos buscaron, pero sus perros no seguían nuestro olor y por la mañana estábamos a salvo en la garganta del Cañón de Yuna.*

El Tío Mayor volvió en secreto a la Cañada de las Bellotas, pero los saldu se habían ido, llevándose consigo los a los prisioneros. Los rastreó hasta el borde del Valle, pero no pudo ir más allá, al no haber maleza que lo cubriera y sí muchos saldu.

Desde aquel día, ningún saldu nos ha visto ni sabe que vivimos escondidos entre la maleza y las rocas de nuestro propio mundo.

Desde la Cañada de las Bellotas, Ishi fue a la Aldea del Laurel, aguas abajo del Yuna. Entre los árboles y las viejas casas del poblado, cerdos y ovejas rebuscaban plantas y raíces. *Esta fue la primera aldea que cayó en poder de los saldu, dice el Abuelo, porque es la que está más cerca del Gran Valle.*

Pronto, como aquella noche de hacía siete ciclos de la luna, estuvo Ishi profundamente metido en la garganta del Cañón de Yuna. La atravesó y dejó el cañón para trepar a la Cueva Seca del otro lado. *En esta cueva arrancaron la cabellera a dieciocho cazadores. Y ahí, a los últimos wanasi a excepción de Timawi. Me parece que los saldu no vienen ahora por aquí. No hay rastro de su olor ni el de sus perros.*

Avanzó colina arriba, deteniéndose para poner un pellizco de tabaco sagrado en la base de un viejo roble. *Aquí, dice el Abuelo, fue ahorcado el primer Yahi. ¡Aiiya! ¡Los saldu con sus cuerdas, con sus ahorcamientos! ¡Puedo ver cómo un hombre cuelga contra el cielo desde una rama alta!*

Ishi fue a la Cueva Verde. Esta vez mantuvo los ojos abiertos y penetró en el interior de la cueva. Dentro crecían los helechos y por un manantial claro brotaba agua fresca. *Recuerdo haber venido aquí con mi madre a jugar con otros niños pequeños mientras ella hacía la visita a los Ancianos. Ahora, debajo de los helechos están los huesos de los Jóvenes y los Ancianos que estaban con ellos: había más gente del Pueblo en esta cueva que en Gahma. Siempre veo al Abuelo, al Tío Mayor y a Timawi enterrando y enterrando huesos.*

Cuando Ishi salió de la Cueva Verde, la luz del sol le hizo guiñar los ojos y ponerse la mano de forma que hiciera sombra a los ojos.

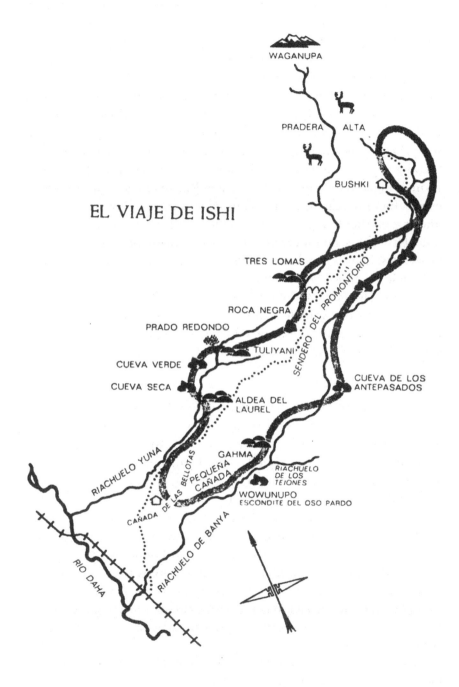

EL VIAJE DE ISHI

WAGANUPA

PRADERA   ALTA

BUSHKI

TRES LOMAS

ROCA NEGRA

PRADO REDONDO

TULIYANI

CUEVA VERDE

CUEVA SECA

SENDERO DEL PROMONTORIO

CUEVA DE LOS
ANTEPASADOS

ALDEA DEL
LAUREL

RIACHUELO YUNA

GAHMA

PEQUEÑA
CAÑADA

RIACHUELO
DE LOS
TEJONES

CAÑADA DE LAS BELLOTAS

WOWUNUPO
ESCONDITE DEL OSO PARDO

RIACHUELO DE BANYA

RIO DAHA

He olvidado dónde estaba… ¡Cuánto tiempo ha pasado desde el día en que vine aquí con mi madre!… Ahora he completado el viaje que juré hacer para poder sentir bajo mis pies la tierra, los senderos, los suelos de las cuevas, todos los lugares donde mi Padre y mi Pueblo vivieron y murieron. He hecho ofrendas de tabaco sagrado en estos lugares y ahora conozco algo de mi tierra… Más allá, en el Sueño, están el Océano Exterior y el Borde del Mundo.

Ishi se arrastró sobre el estómago para cruzar el espacio descubierto del borde del Cañón de Yuna. Una vez entre la espesa maleza, se dejó caer hasta el riachuelo. Allí se construyó un refugio con matorrales y, por primera vez desde que saliera de Tuliyani, hizo fuego y tomó un baño de sudor. Se bañó en el Riachuelo de Yuna y, cuando estuvo fuera del agua, recitó las oraciones purificadoras que el Tío Mayor y el Abuelo le habían enseñado a utilizar cuando hubiera estado en lugares de enterramientos o con otros poderes o peligros especiales. Luego, rápidamente, llegó al Prado Redondo y atravesó el riachuelo en dirección a Tuliyani.

El Tío Mayor y la Madre no le preguntaron dónde había estado ni qué había visto o soñado. Sabían, como quiera que fuese, que el Ishi que había vuelto a casa con ellos ya no era mentalmente un niño, sino un hombre; y, más que nunca, igual que su padre.

Era la primera comida de Ishi desde el viaje. «La Madre guisa harina de bellotas y estofado de carne de ciervo como la Luna Kakara los guisa en su Cesta Celeste», dijo en voz baja. Nunca antes había pronunciado palabras como aquellas alrededor del fuego del wowi. El Tío Mayor asintió manifestando su acuerdo; la Madre sonrió con su sonrisa de arco Yahi a modo de respuesta.

El Abuelo dijo: «Tak, tak, el wanasi come como los Primeros del Pueblo. Sólo conocían el fuego frío hasta que, un día, una vieja robó unos cuantos carbones de fuego caliente al Pueblo del Fuego y los trajo aquí escondidos en la oreja. Sacudiéndolos para que cayeran de su oreja al hoyo del fuego y añadiendo más y más leña, guisó un estofado de carne de ciervo con piedras calentadas en el fuego. Los Primeros del Pueblo comieron de ese estofado hasta que se vació la cesta».

«Eso es lo que pasa hoy en nuestro wowi», dijo la Madre. «Celebramos el retorno de nuestro Joven, el Hijo.»

Las palabras del Abuelo hicieron volver los pensamientos de Ishi a su viaje. *El Abuelo dice la verdad; además, las aldeas Yahi sólo tienen fuego frío; todas menos Tuliyani. Ahora somos siete el Pueblo del Fuego; tan sólo nosotros tenemos Fuego Caliente.*

Sus pensamientos volvieron a quienes estaban alrededor del fuego. *Está bien ver a la Madre sonriendo; oír la risa de la Abuela y de Tushi. Está bien oír las gachas haciendo pukka pukka y mirar a Tushi removiendo el estofado con la pala de la Madre. Los olores del wowi son buenos: pescado seco y condimentos, y el olor de la pradera en el tabaco que cuelga sobre mi cabeza.*

El pelo emblanquece en la cabeza del Abuelo y las arrugas se hacen más profundas en su rostro. La voz de la Abuela se parece cada vez más a la de un pájaro. Está tan flaca que parece un pájaro cuando se baña en el río. Y sube desde el riachuelo por la vereda como un mirlo, brinco y picotazo, brinco y picotazo, parándose a reír con Tushi o el Abuelo.

Me acuerdo de cómo el Abuelo decía muchas veces a la Madre durante el invierno: «Eres una buena nuera, Esposa de mi Hijo Menor». Cuando se le hinchan las articulaciones y no puede sentarse ni estirarse cómodo, la Madre lo tiene a su lado y le pone emplastos calientes allí donde el dolor se ha instalado en el cuerpo. Durante toda la noche, le da de beber té fresco y le frota suavemente las articulaciones doloridas con aceite de hojas de laurel.

La Abuela le dice: «Haces de ese viejo un niño. Lo mimas tanto que no puedo hacer nada a su gusto». La Abuela ríe cuando dice eso y toca la cabeza de mi Madre con la mano. La Abuela ve a mi madre como el Abuelo, como todos: sin la Madre no habría ninguna clase de fuego para nosotros.

Timawi no es feliz. De nuevo se pasa el día entero en el watgurwa o bien va a un lugar desde donde pueda ver las montañas. Pero sus pensamientos no versan sobre las montañas. Son sobre sí mismo, sobre Tushi.

Tushi no va tanto conmigo como acostumbraba. No puede ir conmigo a cazar y suele estar en su propia casita charlando con la Abuela, o bien está sola. Timawi y yo cantamos canciones fuera de la casa de ella cuando ella está dentro por la noche. Ella hace como si no nos oyera, tal como le ha enseñado la Abuela. A veces la veo cuando vamos a las colinas al amanecer, a rezar o a recoger leña para fuegos especiales. Hacemos como si no nos viéramos. Esta mañana subía yo por el sendero del riachuelo. Había ido a bañarme solo y estaba frotándome el pelo para secarlo. Allí estaba Tushi junto a la senda, y parte del agua de mi pelo cayó en forma de gotas sobre su cara y su cuello. Alargué mi mano, tocándole el pelo y el collar donde brillaban las gotas, que-

riendo decir que lo sentía. Ella sonrió, pero luego echó a correr hacia casa por el sendero, tan deprisa que no pude alcanzarla.

En Tuliyani todo el mundo estaba ocupado en la tarea del final de la primavera. El Tío Mayor e Ishi mantenían los secaderos llenos de salmones y carne de ciervo. El Abuelo y la Abuela iban todos los días al riachuelo en busca de truchas y pececillos. Mientras él limpiaba su pesca, la Abuela estaba sentada pelando los tallos negros de las cinco-enramas para hacer nuevas cestas.

Una mañana el Tío Mayor pidió a Ishi que fuera al cruce del aliso a contar los castores que vivían en los pantanos. Los castores sólo se atrapaban cuando los pantanos estaban poblados y la familia de castores comenzaba a trasladarse corriente abajo, fuera del cañón y más allá del alcance de los Yahi.

Puesto que Ishi no iba a cazar –quizá colocara alguna trampa para castores–, la Madre dijo a Tushi que podía ir con él y coger bulbos de brodiaea, que crecían muy gordos en la ladera de los pantanos.

No hablaron mientras fueron atravesando la maleza, Tushi detrás de Ishi. Cuando llegaron a los pantanos y estuvieron sentados el uno al lado del otro, observando los castores, Tushi dijo: «Para mí, el Sol viajó lentamente por encima y por debajo de la tierra mientras tú estuviste fuera, Primo mío».

«También para mí», replicó Ishi. «Pero... Timawi estaba contigo en Tuliyani.»

Tushi no dijo nada.

«Primita, Timawi me ha contado que trató de regalarte un brazalete de hierbas aromáticas, pero que tú no quisiste cogerlo.»

De nuevo hubo silencio entre ellos. El golpear de la cola de los castores añadiendo barro a su presa era el único ruido de los pantanos.

«¿Puedo decirle a Timawi que otra vez lo cogerás?»

Tushi denegó con la cabeza.

«Timawi dice que tú eres dambusa como la muchacha joven del relato de la Abuela... Si tú llevaras el brazalete de Timawi, él no se sentiría solo en Tuliyani.»

Tushi estaba tratando de no llorar. «Timawi desea irse de Tuliyani; llevarme con él a Bushki, para que sea su marimi de Bushki. Esa es la razón de que yo no lleve su brazalete. ¿Te ha contado él eso?»

«No. No dijo nada de que deseara irse ni de que pretendiera llevarte con él.»

Las lágrimas resultaron incontenibles. Tushi lloró, cubriéndose el rostro con las manos, dejando que los mechones del pelo cayeran sobre la cara. «¡Yo nunca abandonaré a la Abuela ni a la Madre ni a ti!»

Ishi puso las manos sobre la cabeza de Tushi. «No, no llores, no, Hermanita. Yo hablaré con Timawi. Iré a cazar con él en las montañas. Cuando Timawi vea lo que han hecho los saldu en la aldea de Bushki, no querrá llevarte allí ni quedarse él… ¡Pobre Tushi-Concha Blanca! Es difícil ser marimi, lo sé. ¡También es difícil ser wanasi!»

¡Un Doctor del Diablo de debe haber metido una enfermedad a Timawi! Él no diría esa clase de cosas a Tushi si estuviera bien en el fondo de su corazón. ¡No debe hacerla llorar!

Tushi se secó los ojos. Ishi se alejó por un tronco del pantano a contar cuántos castores veía entre las aguas oscuras.

«¡Su, tetna!» Era el rápido susurro de alarma de Tushi. Un viejo oso pardo, con la piel floja colgando por las costillas, comenzaba a atravesar el pantano. Estaba bebiendo y, cuando los peces se acercaban a la superficie del agua para comer, trataba de cogerlos. Se trataba de peces muy pequeños, así que, una y otra vez, su garra salía del agua chorreando y vacía. Al final, renunció y siguió su camino en dirección al bosquecillo de bayas de la Cañada de las Bellotas.

Tushi arrancó bulbos de brodiaea mientras Ishi reunía un fardo de maderas aromáticas del pantano. Tushi todavía estaba ocupada en llenar su cesta cuando él tenía toda la leña que podía acarrear. Él le echaba ojeadas mientras ella trabajaba, con la cabeza baja, pensando solamente en su labor de arrancar. No había ruidos ni otros olores que los habituales de la tierra; el mundo parecía estar vacío a excepción de ellos dos. Ishi cogió su red y empezó a subir la ladera, por encima de Tushi, para cazarle una mariposa. La mariposa, grande y de colores brillantes, que él quería se mantuvo fuera de su alcance, revoloteando arriba y más arriba cada vez, llevándolo a una posición cada vez más alta del promontorio. Al fin se posó en una flor e Ishi se agachó sobre una roca para deslizar la red encima.

No oyó nada, pero las narices se le llenaron de olor a saldu y a caballos. Sin alterar la postura, dio la vuelta al arco y cogió una de las tres flechas que llevaba sujetas al cinto y la colocó. Estaba muy cerca de la cima del promontorio por donde pasaba el sendero de la Cañada de las Bellotas y la piedra tras la cual estaba tendido lo separaba del sendero. Echó una rápida mirada por encima de la roca; lo que vio le llenó la boca del agua salada del miedo.

Encima de él, por el sendero y perfilado contra el cielo, iba un saldu a caballo. Había dejado caer las riendas e iba tieso sobre los estribos. Entre las manos llevaba el lazo; estaba dando la primera vuelta de muñeca que pondría la cuerda en movimiento, haciendo un gran círculo cada vez más amplio. Tenía los ojos puestos en Tushi; la cuerda tenía por objeto caer sobre ella.

La parte interior de la muñeca retorcida apareció blanca por un instante. Hubo el relámpago de una flecha resplandeciente en vuelo, un agudo grito de dolor y el lazo cayó al suelo sin hacer ningún daño; una segunda flecha relampagueó, gritó el animal un bufido y el caballo, con una flecha en el bajo vientre, se encabritó pateando al aire. Las patas traseras patinaron en el barro del sendero y cayó de espaldas, quedando fuera de la vista caballo y jinete al caer por el otro lado del promontorio.

Tushi estaba ordenando lo que había recogido cuando Ishi la agarró del brazo y tiró de ella con tanta rapidez que sus pies parecían no tocar la tierra. Corrieron de esta forma hasta llegar al riachuelo situado debajo de Tuliyani. Tushi lloraba de terror –del terror de Ishi–; ella no sabía quién había gritado ni de qué estaba huyendo. Ahora Ishi se dejó caer sobre el vientre, sollozando. Al cabo de un rato, se arrastró cuestabajo hasta la orilla y hundió la cabeza en el agua. Luego se sentó, echó a la espalda sus cabellos negros y contó a Tushi lo que había ocurrido.

La charla se prolongó en el wowi hasta muy entrada la noche e incluso después en el watgurwa. El Tío Mayor dijo: «Desde hace siete ciclos de la luna, nuestra ocultación del enemigo ha sido total. Esto puede traerlos al cañón; sabrán que todavía vivimos algunos».

Timawi interrumpió: «¡Deberías haberme enviado a mí al pantano de los castores y a guardar a Tushi!»

Ishi apartó la cara. *Duele oír a Timawi hablar de esta forma a mi tío. Yo soy la causa de que se comporte así y él no dice otra cosa que la verdad… Yo sólo veo aquella cuerda curvada, circular, más y más cerca.*

El Abuelo habló furioso: «¡Su! ¿Va a decir el wanasi de Bushki a Kaltsuna cómo se hacen las flechas?»

El Tío Mayor batió una mano delante del rostro con la palma hacia fuera. «La paz de siete lunas se ha roto. Tenemos miedo y estamos furiosos. Vemos de nuevo a los tres que fueron cogidos por el lazo y arrastrados. Pero no volquemos nuestra rabia y nuestro miedo unos contra otros en el watgurwa.

«A ti, Timawi, te digo que mires bien dentro de tu corazón antes de seguir hablando. Y recuerda, la Pequeña duerme a salvo con la Abuela y la Madre.

»Tú, Ishi y yo iremos juntos por la mañana a ver si los saldu se reúnen en la Cañada de las Bellotas como hicieron en el pasado cuando se ponían en camino para destruir alguna aldea. También iremos al pantano de los castores y allí enseñarás al Joven Cazador en qué consistió su error. Él aprenderá de tu mayor habilidad y mayor conocimiento.»

Timawi se sonrojó y apartó la mirada y luego volvió a mirar al Tío Mayor. Timawi dijo: «Escucho las palabras de Majapa. Iré contigo como tú dices, para saber qué debemos hacer, no para enseñar ni para presumir».

Llovió durante la noche; los vados del Riachuelo de Yuna estaban cubiertos de aguas blancas y el borde del sendero tenía una ancha capa de barro. Por la mañana, el Tío Mayor y los dos wanasi fueron al pantano de los castores, ascendieron por la ladera que Ishi había recorrido el día anterior, luego por la cumbre del promontorio, y descendieron parcialmente por el otro lado.

Allí encontraron el caballo, muerto. Ishi recuperó su segunda flecha; buscó de un lado a otro del promontorio la que estaba dirigida a la muñeca retorcida del jinete. No estaba en el sendero ni en la parte baja de la ladera correspondiente, ni llegó a encontrarla.

La brida había desaparecido, pero la montura, empapada en sangre y lluvia, todavía estaba ajustada alrededor del caballo. El jinete debía de ir solo; estaban las huellas del caballo ascendiendo la colina y las de un hombre con botas de montar yendo colina abajo. Timawi e Ishi siguieron las huellas en dirección a la Cañada de las Bellotas. Ni yendo ni viniendo había habido ninguna desviación con respecto al camino de la casa de los saldu en la cañada, ni tampoco confluía con ellas ningún otro rastro.

Timawi e Ishi no se atrevieron a ir más lejos. Estaban en el borde del valle. Pero resultaba evidente que el jinete saldu había salido de las colinas sin buscar ayuda de quienes estaban más a mano.

Los tres juntos fueron a la roca situada detrás de aquella en que Ishi se había agachado. Tanto el Tío Mayor como Timawi sabían las dificultades de disparar colina arriba contra un blanco móvil. El Tío Mayor se limitó a decir: «Huum. ¿Su?», y miró a Timawi, quien dijo: «Es una suerte que la mariposa llevara al Joven Cazador hasta esta roca, donde no necesitó cambiar de postura para tirar».

Volvieron a Tuliyani. La lluvia cesó. No apareció ningún saldu golpeando la maleza en busca de cabelleras y venganza. El esqueleto del caballo fue limpiado a mordiscos por los leones de la montaña, los coyotes y los buharros. La montura, masticada por los cuadrúpedos y arrastrada entre el matorral, nunca fue reclamada.

En el watgurwa discurrieron mucho sobre el hombre que había venido y se había ido con tanto secreto. El Abuelo dijo: «Ese no debía de tener amigos en su propio mundo. Hay saldu que están más solitarios que nosotros en Tuliyani». Pero ya no se sentían seguros en Tuliyani. Llegaban muchos saldu a las colinas; se oían los balidos de los borregos recién nacidos en el extremo del cañón y era la época de parir las vacas.

Timawi urgió al Tío Mayor para que se trasladaran al Waganupa. Este le recordó que allí había algunos saldu y algunos animales de los saldu. El Abuelo movió de un lado a otro la cabeza. «El Pueblo nunca ha vivido a mayor altitud que la Pradera Alta. Las montañas sólo proporcionan refugio y alimento durante la mitad de las lunas. Allí no hay salmones; la nieve continúa durante el verano y el viento sopla todos los días.»

Timawi dijo: «Dejad que vayamos Ishi y yo; miraremos; quizás encontremos una cueva u otra clase de refugio contra los vientos. Aquí, estamos metidos en una especie de trampa, si los saldu encuentran Tuliyani».

«Id, pues», dijo el Tío Mayor. «Yo ya no estoy seguro de qué debemos hacer.»

Timawi e Ishi partieron, contando con estar fuera cinco o seis días. Cuando se hubieron ido, el Abuelo dijo: «Son buenos wanasi; cazan y disparan el arco mejor que tú y que yo, hijo mío, cuando nosotros éramos jóvenes. El wanasi de Bushki es más pesado de figura y más pesado de pensamiento que el Joven, pero tiene gran valor y destreza. El Joven es más veloz en el movimiento de la muñeca para el arco y comprende mejor el Camino, o así es como yo lo veo».

Tushi, desde la maleza situada detrás de la casa de la Madre, dijo adiós con la mano a Timawi e Ishi cuando partían. Sonrió a Timawi al volver él la cara, pero fue a Ishi a quien estuvo observando hasta perderlo devista. Se dijo para sí: «Esta noche me iré a mi casita. Allí soñaré. En mis sueños Timawi, el Fuerte, me ofrecerá un brazalete de hierbas aromáticas. Dirá: "Te sacaré de este cañón de pedernal. Tú serás mi marimi de Bushki".

»Yo negaré con la cabeza y pondré las manos en la espalda. Entonces vendrá el Joven Cazador, mi primo, alto, delgado, con su espesa melena recogida y enrollada alrededor de la parte alta de la cabeza, con adornos de hueso de ciervo tallado en la nariz y las orejas, cayendo por su espalda la funda de rabo de león del arco. Corriendo deprisa como un ciervo, me cogerá las manos y me llevará, con mis pies rasantes sobre el suelo, rápidamente, por la orilla del riachuelo, hasta muy lejos. Allí, tendidos a lo largo y apretados, sollozará y sollozará. "Las lágrimas de un hombre son más terribles que las de una mujer", dice la Abuela. Luego lavará su cabeza en el río y regresará, se pondrá en pie y me mirará con los ojos aterrorizados».

La Abuela encontró a Tushi de pie, mirando hacia donde los wanasi se habían perdido de vista. «Es guapo, ese Timawi, ¿eh? Los días y las noches serán largos mientras él esté fuera.»

Tushi regresó al wowi con la Abuela. «Tienes que contarme cuentos de cuando eras joven y el tiempo no se hará largo.» Cogió la mano de la Abuela con una de las suyas; la otra mano quedó reposando en las cuentas azules y blancas de su collar.

Ishi y Timawi sólo cogieron sus arcos y flechas, sus cuchillos de cazar y sus hondas, una red para pescar y un taladro para hacer fuego. No llevaron comida ni cestas. Daba gusto moverse sin carga, estar fuera del cañón, oler los pinos, ver el Waganupa cada vez más cerca.

Para cuando echaron el primer sueño estaban bien adentrados en la Pradera Alta, a una distancia que los Ancianos hubieran necesitado dormir tres veces para recorrerla. Hacían carreras entre ellos. Cuando coronaban un promontorio, bajaban a la otra ladera saltando a un árbol y deslizándose por entre el árbol hasta el suelo.

Timawi se acordaba de una cueva de la montaña. También se acordaba de varios peñascos que se erguían separados, más cerca que la cueva, en la ladera sur. Podían ser incluso mejores como lugar donde vivir, decidieron él e Ishi. Las casas construidas entre las rocas quedarían ocultas, pero, sin embargo, servirían para ver la montaña.

Pescaron en uno de los pequeños arroyos que brotaban de las nieves derretidas del Waganupa. Los peces eran pequeños, «peces de montaña», los llamaba Timawi, «más ricos que los grandes peces de más abajo». Hicieron fuego y cuando los pescados estuvieron cocinados y comidos, hablaron sobre la nueva aldea: dónde estaría el watgurwa y dónde la casa de la Madre, y dónde construiría Tushi su casita y cómo llamarían al poblado.

«Me pregunto: ¿llevará Tushi mi brazalete en la nueva aldea?»

«Llevará tu brazalete si no tratas de separarla de la Abuela y la Madre.»

«Ni de ti. Tú le gustas más que yo.»

Ishi tocó su arco. *Eso es cierto y se debe vivir en la verdad, dice el Tío Mayor.*

«Que haya paz entre nosotros, Timawi. Bien lo sabes tú, Tushi es mi prima hermana. En nuestra infancia no hemos tenido otros compañeros de juegos que nosotros. Entre Tushi y yo no puede haber otra cosa que la amistad del fuego. Procedemos de la misma aldea, de los mismos Ancianos.

»Tú, tú eres de muy lejos, eres un Bushki. Comes pez de la montaña y marmotas. Hay palabras que tú dices de distinta forma a como se dicen en el cañón. Tú miras hacia la montaña. Tushi es tu Dambusa, procedente de peronas que miran hacia el agua. Tú y Tushi tendréis un día una casa cubierta de tierra para los dos.»

«En Bushki, una mujer se fue al poblado del hombre.»

«No tiene por qué ser así. El Padre llevó a la Madre a Tres Lomas sólo una vez que yo hube nacido.»

«La mujer de Bushki se va con el hombre.»

«Bueno… nosotros somos pocos y Tushi es joven. Dejemos que la luna dé otra vuelta alrededor de su casita.»

No hubo más conversación aquella noche. Vieron humo al oeste, lo que quería decir que había saldu. Ishi apagó el fuego e hicieron un cobertizo en el enebro del borde del prado. Pero no durmieron. Los coyotes aullaban y hubo constantes ladridos de los perros borregueros de los saldu. La luna de finales de la primavera estaba llena; había mucha luz en la tierra descubierta del prado. También había balidos de ovejas. Timawi se arrastró por el suelo hacia las que balaban más cerca, regresando con dos corderos.

«Nosotros juramos, después de la entrega de los arcos, no tomar la comida de los saldu», dijo Ishi cuando los vio.

«Los saldu comen nuestra comida. Ese juramento es viejo. Y estúpido. ¿Por qué no hemos de cazar nosotros los cuadrúpedos de los saldu como ellos cazan los nuestros?»

«Oleremos a borrego y a saldu durante el resto de este viaje.»

«Mañana no habrá tiempo de cazar ni de pescar; es mejor llevar esta comida con nosotros.»

Siguieron su camino adelantándose al Sol; y el Sol estaba bajo y en el oeste antes de que alcanzaran el segundo sitio de dormir, donde esperaban hacer fuego y guisar una parte del ganado que habían transportado todo el día. El grupo de peñas era como había dicho Timawi; a Ishi le pareció un buen lugar para un poblado de montaña.

Pero en cuanto hubieron encontrado el sitio, distinguieron huellas recientes de oso, y al acercarse, procurando situarse a sotavento, una gran osa seguida de dos oseznos salió de detrás de los riscos. Se había percatado del olor a borrego y, con un gruñido, se lanzó cuestabajo hacia ellos. Ellos hicieron lo único que podían hacer: echarle los borregos y correr. Corrieron hasta un bosquecillo de enebros, dos promontorios y un arroyo quedaron interpuestos entre ellos y la osa. Al otro lado del arroyo, se detuvieron. Estaban en el Riachuelo de Bushki y encima del antiguo poblado de Timawi.

No habían comido en todo el día ni podían arriesgarse a encender fuego: estaban en un terreno donde los saldu podían estar acampados en el mismo promontorio que ellos. Pero Timawi no tenía hambre: conocía el arroyo, era su casa!

«Podríamos hacer una nueva aldea de Bushki para todos nosotros», dijo.

«En Bushki hay saldu.»

«Y hay formas de hacer que los saldu se vayan. El Abuelo lo hizo, y tu padre. Nosotros también podemos hacerlo.»

Mi amigo y yo nos pelearemos si seguimos esta conversación. Ha sido un mal día; no como el de ayer. «La Abuela dice que la luz del día es más sabia que la oscuridad. Vamos a dormir ahora y mañana haremos planes.»

Ishi cayó en un sueño profundo pero poblado de pesadillas. Intentaba despertarse, pero volvía de nuevo a las pesadillas. Cuando al fin se despertó lo suficiente para ponerse en pie estaba sofocado; el aire era espeso y pesado; creyó oír un trueno a lo lejos. Había fuego aguas abajo del arroyo. Alcanzaba a ver las copas de los pinos altos ardiendo. También vio, por encima del humo, la estrella de la mañana brillando en el cielo claro; no había habido fuego celeste, no había habido truenos.

Habló a Timawi en un susurro, pero Timawi ya no estaba a su lado. Lo buscó en la oscuridad y se fue arrastrando en círculos cada vez más amplios, en su búsqueda. Llamaba: «Yagka, yagka», su llamada. Timawi se había ido. No hubo respuesta a su llamada.

¿A dónde habrá ido Timawi sin mí? ¿Por qué iría? Puede que quisiera ver su antiguo hogar a solas, ver si era cierto lo que yo dije: que los saldu han construido una casa en el centro de la aldea.

Ishi siguió el arroyo hacia Bushki, haciéndose el humo cada vez más espeso conforme avanzaba. El Sol estaba alto pero pálido a través del humo. Ardía el almacén de los saldu.

El trueno debe de haber sido algo que ha explotado dentro del almacén. Seguro que Timawi no está aquí. ¿Debo volver al lugar donde hemos dormido o debo buscarlo más abajo de Bushki?

Falto de decisión, Ishi removió los pies y tocó un trozo suelto de madera; por el tacto podía decir que era madera trabajada. Lo recogió para verlo. Era el taladro de encender el fuego de Timawi.

Ishi lo sostuvo durante unos momentos. *¿Qué significa el que esté aquí? ¿Metió Timawi fuego al almacén?*

Ishi se puso hojas húmedas sobre la cara para no sofocarse mientras rebuscaba por el suelo. Encontró restos de plumón y carbón, lo bastante para indicarle dónde podía haber hecho un fuego Timawi; y muy cerca había ramitas de otro lo suficientemente secas para servir de antorchas. *Pero, si Timawi incendió la casa, ¿por qué no volvió adonde cayó su taladro?*

Había la huella de un pie, luego otra. Estaban muy separadas. *Cuando la antorcha estuvo encendida, salió corriendo con ella, saltando a pasos muy separados.*

El Sol había pasado la cima del cielo antes de que Ishi encontrara nada más, y eso ocurrió en la parte baja de la aldea: huellas de un caballo y de un perro. Olió el perro, los borregos y el perro borreguero.

Luego encontró la honda de Timawi, masticada por un cuadrúpedo y con olor a perro borreguero; y a poca distancia de allí, su bolsa de tabaco y el fardo de los tesoros. Habían sido masticados, pero aún quedaban restos. Ishi se tomó tiempo para recoger todo lo que vio para borrar sus huellas y las de Timawi.

Pronto llegó a un lugar donde la tierra estaba removida. *Aquí había unas cuantas gotas de sangre y, desperdigadas, cuatro flechas de Timawi. Aquí debe de haberle atacado el perro; creo que es sangre de perro, porque hay pelo de perro; Timawi debe de haber utilizado su cuchillo. Aquí hay huellas de Timawi; aquí las del perro; y de nuevo las de Timawi, ¡alejándose hacia el primer barranco del cañón!*

Ishi no esperó; corrió por donde había corrido Timawi y saltó al barranco como estaba seguro de que había hecho Timawi, a la copa de un roble, que disminuyó la velocidad del salto. Se deslizó sano y salvo al suelo. Timawi yacía cerca del nacimiento del roble. No parecía herido; Ishi le habló. Tenía los ojos cerrados como si durmiera. No se movió.

Quizá su alma ha abandonado el cuerpo; volverá cuando despierte; no lo molestaré.

Ishi se puso al otro lado de su amigo dormido. «¡Aii-ya! ¡Aquí hay sangre! ¡Amigo mío, amigo mío, háblame!» Ishi levantó la cabeza de Timawi, dándole la vuelta. «¡Aaaah! ¡No hablarás! He aquí la marca de humo donde te acertó una bola de fuego, en el momento de saltar, ¡ay Timawi!»

Pero no había huellas de saldu en Bushki. ¡Ah! ¡El caballo! ¡Un perro y un saldu a caballo! Ishi se tiró al suelo, rodeando con ambos brazos a Timawi y llorando. Todo se empañaba ante sus ojos y no supo lo que hacía.

Hacía mucho que el Sol se había puesto; la luna llena hacía el mundo tan brillante como de día. Ishi daba traspiés y cayó. Entonces volvió en sí. Vio que había pasado mucho tiempo, que era de noche y que ya no estaba bajo el roble. Iba bajando por el sendero del Cañón de Banya y llevaba a cuestas a Timawi.

Se levantó, se echó a Timawi a la espalda, como debía de haberlo llevado antes de la caída, y siguió caminando. Un coyote aulló cerca; un león de montaña atravesó el camino por delante de él, con un conejo en la boca; un ciervo se movió cautamente entre la maleza. Adelantó a una serpiente de cascabel, enrollada y despierta en medio de la noche.

¿Qué hago yo aquí y a dónde voy? No hay saldu en este cañón; los saldu no saben que mi amigo saltó o no se atrevieron a seguirlo. Me siento a salvo, y es como si mis pies supieran dónde ir.

En este estado de duermevela, Ishi siguió adelante. La luna se había puesto y había llegado el amanecer, e Ishi estaba en la Cueva de los Antepasados. Sólo entonces supo que era allí adonde lo iban llevando sus pies. Entró en la cueva, barriendo el polvo de la pulida lápida que recordaba de su viaje. Con suavidad, llevó allí a su amigo, lo extendió sobre la piedra limpia y arrastró rocas, cubriendo la entrada de la cueva para que ningún cuadrúpedo pudiese penetrar.

Allí, solo, Ishi celebró los ritos funerarios tal como los había aprendido en el watgurwa (nunca los había visto). Cuando el tabaco y la resina de pino que le había echado se hubieron convertido en ceniza y enfriado al fuego, levantó la lápida por un lado, dejó que su amigo yaciera en la tumba forrada de rocas, con los Antepasados, y volvió a colocar la caja de piedra en su sitio. Durante la mayor parte del tiempo Ishi trabajó en la oscuridad.

No llevó la cuenta de los días y las noches, ni comió ni durmió. Era de noche cuando salió de la cueva, cambió por última vez las rocas de la entrada de la cueva y partió hacia su casa. Se bañó en el riachuelo por encima de la Roca Negra, antes de bajar el sendero de Tuliyani. Entonces era mañana temprana.

Para los que quedaron en Tuliyani, los días pasados desde la marcha de Timawi e Ishi fueron largos, cada vez más largos y más nerviosos que los anteriores. El Sol se levantó sobre el Waganupa y se fue bajo el borde occidental de la tierra por siete, por ocho veces.

Tushi se metió en la maleza cercana al sendero hasta donde la Madre lo hubiera permitido, mirando y escuchando en busca de los wanasi ausentes. Era la mañana de la novena salida de sol. Tushi estaba casi en la Roca Negra cuando oyó el ruido de las pisadas de unos pies desnudos, de pies corriendo sobre la tierra. ¡Ishi y Timawi debían de estar bajando por el sendero de las tres lomas! Esperó y, al cabo de poco tiempo, una sola cabeza apareció un instante por un claro del chaparral: era Ishi.

Un instante, pero lo bastante largo para que Tushi viera que estaba solo. Se puso una mano en la boca y no hizo ningún ruido. El gran mechón de pelo de Ishi había desaparecido, quemado hasta muy cerca de la cabeza, lo que significaba que había muerto alguien querido por él, y sobre la cara llevaba cruzadas las anchas franjas negras del luto.

Tushi echó a correr y lo alcanzó, pero no dijo una palabra, esperando a que él hablase. Él sólo dijo: «¿Nuestro tío?» Tushi señaló hacia el riachuelo. «Pescando», dijo ella. Ishi le indicó con un gesto que regresara a casa. Ella lo observó perderse de vista y luego se dirigió a Tuliyani.

Ishi tomó el sendero del riachuelo. Allí estaba el Tío Mayor preparándose para pescar. Sus palabras de bienvenida se le helaron en los labios. «¿Dónde está nuestro amigo?», preguntó.

«En el Cañón de Banya, en la Cueva de los Antepasados.»

«¿Y el... su Espíritu?»

«Se ha hecho todo lo que he podido. Su Espíritu se ha liberado. Él reposa con los Antepasados. Yo me he lavado y he pronunciado la plegaria de la purificación.»

Las manos del Tío Mayor temblaban tanto que le costó trabajo coger su bolsa del cinturón. Colocándolo sobre la palma plana, sopló un poco de tabaco sagrado en dirección a Ishi, repitiendo las oraciones que lo protegerían de los peligros que le restaran por haber estado en la proximidad del Mundo de los Espíritus.

Luego, una vez tras otra, sopló cinco veces tabaco sagrado hacia el oeste, por donde sabía que estaría viajando el Espíritu de Timawi camino de la Tierra de los Muertos; y repitió las oraciones por los Muertos. Sólo cuando lo hubo hecho y hubo devuelto la bolsa a su sitio, dijo el Tío Mayor: «Siéntate. Cuéntamelo... desde el principio».

Al acabar la narración, Ishi dijo: «Cuando mi alma volvió a mi cuerpo y vi que estaba en el cañón, no tuve miedo. Los Espíritus de los Antepasados debieron de venir a mí al pie del roble; quizás olieran los pinos quemados. Me parece que hice las cosas como ellos deseaban que las hiciera. Hice fuego en el cementerio y pronuncié las plegarias que me enseñó el Abuelo, y me aseguré de que el arco y las flechas del wanasi, su bolsa y su fardo de los tesoros, y cierta cantidad de bellotas para comer, estuvieran a su lado para el viaje. Pero fue una equivocación ir a la Cueva de los Antepasados... No es fácil ser sabio estando solo».

Ishi se pasó la mano por el rostro. Tenía los ojos inyectados de sangre; estaba ojeroso, pálido y delgado. Ahora el Tío Mayor lloraba, sin tratar de esconder las lágrimas. «Tú eras sabio antes de las lunas de tu vida, Hijo mío. No debías haber dejado que nuestro amigo fuera a la montaña, pero parecía que el cañón ya no podía sujetarlo. Pronto estará en el fuego de campamento de su gente de Bushki. Habrá osos contra los que luchar en la Tierra de los Muertos; montañas y pinos altos; y quienes le enseñaron a disparar el arco y a saltar cuando era muchacho.

»Aflijámonos por nosotros, Hijo de mi Hermano Menor, porque lo que haremos nosotros sin él, no lo veo claro... Pero ve ahora, ve con la Madre y su cesta de comida. No has comido desde hace seis soles o más. Ni dormido. Come un poco de buena harina de bellotas de la Madre. Esta noche dormirás. Debes dejar que tu corazón se alivie un poco.»

Los que estaban en Tuliyani llevaron luto por Timawi. Nunca más volvieron a pronunciar su nombre, llamándole en su lugar «Nuestro Amigo» o bien «El Desasosegado». Ishi se vio obligado a contar una y otra vez todo lo ocurrido en Bushki. El Abuelo dijo: «Nuestro Amigo era valiente; no hubiera sido cazado tan fácilmente de no ser por el olor a borrego que atrajo al perro».

Tushi fue la primera que cambió de conversación para recordar a El Desasosegado tal y como era en vida. Pronto los demás dejaron de hablar de su muerte, para hablar del cazador de alces de Bushki, del gran nadador, del que gustaba de pasar despierto toda la noche de verano contando historias de cazadores.

Ishi no vio a Tushi llorar, pero estaba seguro de que había llorado, a solas, en su casita. Un día le indicó que fuera con él. Ella lo siguió al riachuelo, donde se sentaron uno junto al otro en un terraplén de tréboles nuevos. Tushi no había hablado en todo el camino; mantenía la cara vuelta en otra dirección; Ishi la vio secarse los ojos con el dorso de la mano.

«No llores, Primita, y si tienes que llorar, ¿puedes decirme por qué lloras?»

«Es por el cazador de Bushki... Querría, ay, querría haberle permitido que me regalara su brazalete de hierbas aromáticas.»

«Aquí está.» Ishi abrió su bolsa. «Lo llevaba en el fardo de los tesoros. No lo puse con los otros tesoros, para que fuera con él, porque sabía que tú querrías tenerlo. He estado esperando para dártelo. Tenlo, Pequeña Concha Blanca.» Ishi se lo alargó. «Póntelo.»

«¡No, no!»

«Es tuyo. Nosotros hablamos –el Desasosegado y yo– sobre tú y él. Yo le dije que algún día tú serías su marimi de Bushki. Yo le dije: "Tushi llevará tu brazalete. Espera tan sólo unas cuantas lunas".»

«¡Aiku tsub! Lo pondré con mis tesoros.»

«Póntelo, Tushi.»

«No, nunca me lo pondré.»

«¿Por qué no? Estaba previsto que, un día, tú y Nuestro Amigo tendríais una casa cubierta de tierra para los dos.»

Tushi echó una extraña mirada a Ishi, como si ella fuera mayor que él, tan vieja como la Madre, tan vieja como la Abuela.

«Ese es el sueño de los Ancianos. Mi sueño es diferente y no tiene nada que ver con este mundo vacío. Nosotros no somos Héroes ni Dioses; esto no es el comienzo de los tiempos; no podemos hacer Pueblo para llenar el vacío, para combatir a los saldu.»

«¡Suwa, Muchacha de la Concha Blanca! Pero, ¿cuál es ese sueño del que hablas?»

«Es un sueño de mujer.»

«¿Está prohibido contárselo a un hombre?»

«No está prohibido. Te lo contaré, porque tú me has dado el nombre de Concha Blanca y mi sueño también es blanco.»

Y allí, sobre la alfombra de tréboles verdes, al sol de la primavera, Tushi contó a Ishi su Sueño Blanco.

«Mi sueño comienza en la verdura, como los tréboles verdes que hay aquí. Todo tiene el mismo aspecto que cuando estoy despierta. Luego –atravieso al otro lado del riachuelo– bien pudiera ser aquí. En la otra orilla, las rocas, la tierra y los matorrales están cubiertos de moho, son suaves e inmóviles. Me dirijo hacia el norte y conforme me voy alejando, siempre hacia el norte, la suavidad del verde se transforma en blanco. Todo es blanco y suave e inmóvil. Lejos, muy lejos de casa, llego a una vivienda. Alguien que hay dentro de la casa me pide que entre.

»La casa es más grande que cuantas yo he visto antes; como las casas de que habla la Abuela, de cuando el Pueblo era mucha gente. Esa casa es así de grande. Entro por la entrada destinada a los niños pequeños, pero no necesito doblarme ni arrastrarme, sino que camino erguida a su través. En el interior, están sentados un viejo y una vieja. Tienen el pelo blanco. Todo es blanco. La casa está hecha de hielo, los asientos donde se sientan los dos Ancianos son de hielo. El hoyo del fuego es blanco y está recubierto de hielo. Incluso las pestañas del hombre y de la mujer son blancas.

»Al principio pensé que los Ancianos debían de ser de piedra, pero la mujer habla. Dice: "Ve con tu madre. Mira, está allí sentada". ¡Y allí está verdaderamente mi madre! Me echa los brazos alrededor y me aprieta mucho contra ella. Dice: "Ven, Hija Mía, come. Debes de estar hambrienta después del largo viaje". Yo como. Eso le hace sonreír, y la comida tiene buen sabor, aun cuando es hielo.

»Mi hermana mayor está allí. Creo que está toda mi familia, detrás de mi madre, si pudiera verla. Mi madre dice, y mi hermana: "Este es un buen sitio; hay flores y hiervas verdes. Aquí nosotros somos felices".

»Luego desaparece la casa. Estoy de nuevo al aire libre y el viejo me llama, diciendo que es hora de que vaya a casa.

»En medio de todo ese hielo no tengo frío. Y mi madre y mi hermana no tienen frío. No veo las flores ni la hierba, pero mi madre las ve… Creo que es un buen sueño.»

«Yo también creo que es un buen sueño», dijo Ishi cuando Tushi hubo acabado.

Puede ser un Sueño de Poder. La Mujer de la Concha Blanca vive en el Océano Exterior. Ella puede proporcionar a Tushi un Sueño de Poder.

Pero el enemigo estaba más cerca que los sueños. El Desasosegado estaba en lo cierto: debían trasladarse de Tuliyani. ¿A dónde? No hacia las montañas; no bajando por el cañón. ¿A dónde?

Durante cuatro días Ishi estuvo fuera desde el amanecer hasta el crepúsculo, e igualmente el quinto día y la quinta noche. Cuando regresó y estuvieron en el watgurwa él y el Tío Mayor, su tío dijo: «¿Ha encontrado el wanasi un tesoro secreto? ¿Un poco de pedernal rayado de Kaltsuna o una piedra de cristal azul?»

Ishi sonrió. «El wanasi no ha encontrado ningún tesoro que se pueda traer a Tuliyani. Ha encontrado un lugar escondido para vivir nosotros: la guarida de un oso.»

«¡La guarida de un oso! Mi Hermano hablaba con verdad cuando te puso el nombre de Tehna, Osezno.»

«¿Vendrás conmigo a verla?»

«Iré si así lo deseas, aunque mis días de cazar osos están acabados.»

«Y la Madre, ¿vendrá?»

«¡Su! No creo que la Madre desee compartir el hoyo del fuego de un oso.»

Tushi convenció a la Madre; de modo que el Tío Mayor y la Madre, Ishi y Tushi hicieron un viaje de cinco jornadas a la guarida del oso de Ishi, dejando en casa al Abuelo y a la Abuela.

Viajaron bajo la cobertura de los árboles y la maleza. Ningún saldu que pasara por el camino del promontorio o pescara en el Riachuelo de Yuna oyó tan siquiera una pisada mientras, hora tras hora de calor, los cuatro se iban abriendo camino por el cañón, rodeando las tres lomas y pasando por el promontorio al Cañón del Riachuelo de Banya. Era un rodeo, distinto del camino que hizo Ishi cuando fue solo, pero el camino más seguro para atravesar el alto promontorio que separaba los dos cañones.

La primera noche durmieron bajo los árboles de la cumbre del promontorio y la segunda noche lo hicieron en el Riachuelo de los Tejones, que desembocaba en el Riachuelo de Banya. El día siguiente fue el peor, porque, aunque la distancia era pequeña, tuvieron que arrastrarse entre una maleza tan espesa que cada matorral, cada tarugo, era una barrera de pinchos que les bloqueaba su lento avance. Hacía mucho calor y no había agua. El trayecto del día fue desde el borde hasta menos de la mitad del descenso de la pared del cañón, a un saliente estrecho.

En el saliente estaba la cueva del oso: una cueva con gran boca en la base de un peñasco que se elevaba escarpado y desnudo hasta la cumbre del cañón. La cueva no se veía por ninguna parte hasta que estuvieron encima. Ishi la había encontrado de casualidad; estaba completamente revestida de zumaques, excepto por la parte superior de la bóveda arqueada, lo que le había hecho pensar en la Cueva Verde.

En la atmósfera de la cueva había un ligero olor a oso pardo, como el de la estera de oso de Tuliyani cuando estaba húmeda. Aunque desierta desde hacía mucho tiempo, era indudable que había sido, como dijo el Tío Mayor, Wovunupo-tetna: el Escondite del Oso Pardo.

La alta bóveda colgaba sobre la boca de la cueva; dentro, el suelo era plano en una extensión como la casa de la Madre, y luego ascendía, estrechándose al fondo en una serie de escalones o estantes de piedra.

Ishi había descrito la cueva a Tushi: en cuanto ella la vio, deseó vivir allí. Y la Madre hizo su lenta sonrisa de arco Yahi, limitándose a decir: «Me gusta». Había vuelto al país de sus años jóvenes. No podía ver Gahma, pero sabía que estaba exactamente debajo, en el fondo del cañón. Podía imaginarse los estantes de piedra llenos de cestas de todos los tamaños; comprendió que la pulida roca sería seca y fácil de mantener limpia y sin polvo. Había espacio para que durmiera todo el mundo dentro de la cueva en la época de las lunas de la lluvia y la nieve. Ishi trazó un círculo donde la Madre dijo que debería estar el hoyo del fuego.

El Tío Mayor no se hacía mucho a la idea de vivir en la madriguera de un oso: ¡ningún Yahi había hecho nunca una cosa así! Pero Wowu-nupo-mu-tetna era un lugar para alcanzar por el cual ningún animal de los saldu arriesgaría las piernas o los cuernos, y la mentalidad de los saldu no sospecharía que se pudiera construir un poblado en la pared vertical del cañón. No estaba seguro de si cabían en su mente el que se pudiera.

Comieron pan de bellotas y pescado seco que habían llevado de casa la Madre y Tushi, y bebieron el agua que Ishi acarreó en una cesta desde el Riachuelo de los Tejones. El Tío Mayor dijo: «Deberíamos venirnos a Wowunupo antes del final de las próximas Lunas de la Cosecha... ¿Tú qué piensas, Madre de Tehna-Ishi?»

«Creo que estaría bien celebrar la Fiesta de la Cosecha en Wowu-nupo», fue la respuesta de la Madre. Tushi e Ishi se sonrieron el uno al otro. «Haremos una aldea en la que podría vivir el propio Hombre de Pedernal», dijo Ishi a Tushi, quien respondió: «Traeré en la oreja fuego caliente de Tuliyani para el Nuevo Fuego de Wowu-nupo».

Volvieron a Tuliyani igual que habían hecho el camino de ida, durmiendo de nuevo en el Riachuelo de los Tejones y bajo los árboles. El último día no había nada de comer salvo algunas ahogaderas que cogieron al pasar. Llegados a Tuliyani, el Abuelo había cogido una trucha y, mientras guisaban el pescado sobre palitos verdes colocados frente al fuego, contaron al Abuelo y a la Abuela todo lo que habían visto y hecho, y sobre el nuevo hogar Wowunupo-mu-tetna que Ishi les había encontrado.

Ishi y Tushi, que llevaron a cabo la mayor parte del traslado de Tuliyani a Wowunupo, hicieron muchos viajes arriba y abajo por el camino corto y escarpado que Ishi había descubierto entre las dos aldeas. Ishi llevó los pesados morteros de piedra y las cestas de mayor tamaño. Las comidas, las mantas, las herramientas, los fardos de los tesoros, todo debía ir. Tushi sólo llegaba al hombro de Ishi y era delgada, con las manos y los pies pequeños, como la Madre, pero, al igual que la Madre, era fuerte y sabía llevar la carga a la espalda, sujeta a la cabeza por una tira de piel de ciervo, lo que le dejaba las manos libres. Y a lo largo de muchas lunas, aprendió a mantenerse a la par de Ishi, cualquiera que fuese el paso que llevara.

La Abuela dijo: «¡Ninguna mujer Yahi ha hecho nunca ese trabajo!»

Tushi rio. «Fuiste tú, Abuela, quien me enseñó que una mujer Yahi hace lo que hay que hacer.»

«Yo no te he enseñado a ir por la maleza de noche con una carga a la espalda; ni a ir sola con tu primo.»

La Madre y el Tío Mayor dejaban hablar a la Abuela y dejaban que Tushi fuera con Ishi. La Madre dijo al Tío Mayor: «Está muy bien que la Abuela diga a Tushi cómo eran las cosas en los Viejos Tiempos… Tushi es como un pino joven, que crece a la sombra de los árboles mayores; y como el pino, también ella se yergue sola, con muy poco espacio a su alrededor».

El Tío Mayor asintió con la cabeza. «Sí, ese es el caso de la Pequeña desde la desaparición del Cazador de Bushki.»

Se completó el traslado. Ishi echó tierra sobre las cenizas frías de los hoyos del fuego del wowi y del watgurwa. El Tío Mayor echó humo de su pipa sobre el poblado vacío. Desde este momento, Tuliyani ya no era para los Yahi vivos: pertenecía a los Antepasados.

El Tío Mayor dijo:

> ¡Suwa!
> Que las huellas de los pies y de las manos
> Del Pueblo
> De una punta a otra del cañón
> Sobre las colinas
> Y en las praderas
> Vayan bajo la tierra

Sin dejar señal ni memoria
En las rocas, los árboles ni los arroyos.
Que todas las cosas sean como eran
Antes de que Jupka creara al Pueblo.

Y el Tío Mayor añadió:

¡Suwa!
Que la maleza crezca vigorosa y alta
Tragándose las aldeas
Cogiendo los pies torpes
De los saldu y de sus cuadrúpedos
Arrojándolos a la tierra.
Pronto el enemigo
Con sus armas destructoras
Será aquí como nada.
El cañón ya lo ha olvidado.
¡Suwa!

El Abuelo, la Abuela, el Tío Mayor, la Madre, Ishi y Tushi regresaron de Tuliyana y del Cañón del Yuna al Cañón de Banya, a Wowunupo. No volvieron la cara para mirar por última vez, para llorar, para revivir los recuerdos tristes y felices que todos ellos dejaban.

El viaje a Wowunupo con los Ancianos fue lento y peligroso. El Tío Mayor iba en cabeza, asegurándose de que no iban a encontrarse con un grupo de saldu; había saldu y cuadrúpedos de los saldu en cada vuelta del camino, le parecía al Abuelo. Ishi y Tushi conocían los sitios buenos para descansar en el camino; hacían pequeños refugios de matorral donde pudieran dormir los Ancianos; y Tushi siempre se acordaba de tener una cesta de agua fresca a su disposición.

Como los demás viajes a Wowunupo, este con los Ancianos se hizo sin que se diera cuenta ningún saldu. El último día, bajando al saliente entre la maleza, Ishi sólo iba un paso por delante, echando hacia atrás las ramas, cortando o empujando a un lado las zarzas. Las largas horas de arrastrarse les procuraron arañazos, sed y calambres, pero cuando vieron Wowunupo, los Ancianos olvidaron su cansancio.

«En verdad que solos los Antepasados», dijo el Abuelo, sentándose en la cueva. «Somos el Hombre de Pedernal y la Mujer de Pedernal.

Vivimos en una casa de Pedernal. En vez de capas, podemos espolvorearnos con polvo de pedernal como hacía Kaltsuna. Aiku tsub.» Y si bien el camino al riachuelo era demasiado empinado y largo para que los Ancianos fueran a bañarse como estaban acostumbrados a hacer, nunca hablaron de eso. Se lavaban la boca, la cara y el cuerpo todos los días utilizando solamente la cesta de agua fresca que Ishi o Tushi les traían por la mañana. Estaban tan ocupados como los demás transformando Wowunupo en un lugar para personas y no en el escondite de un oso.

La cueva se convirtió en la casa familiar, en el wowi, con una adición de recubrimiento de tierra, que cerraba parcialmente la entrada. Ishi la hizo fuerte y apretada, utilizando tiras de corteza de cedro para mantener unido el entramado. En el invierno, sólo habría una estrecha abertura que podría cerrarse con una lengüeta de piel de ciervo sujeta por dentro.

El Tío Mayor e Ishi construyeron un almacén, un refugio cubierto para secar y ahumar y un watgurwa, con el espacio apenas suficiente para albergar al Tío Mayor, el Abuelo e Ishi. El watgurwa estaba bastante aguas abajo de la cueva y el saliente no fue despejado de los árboles y la maleza, de tal modo que cada casita estuviera solitaria y escondida, con sólo levísimas veredas entre los árboles que iban de unas a otras.

Cerca del almacén crecía un pino alto y gris; sus largas agujas se perfilaban contra el cielo; sus grandes piñas estaban llenas de piñones. Este pino era una especie de mojón que sobresalía sobre los árboles que lo rodeaban. Ishi despejó un círculo de tierra bajo el pino a manera de centro del poblado.

En Wowunupo no había agua. El agua de lluvia podía recogerse en cestas; y en los comienzos de la primavera habría pequeñas riadas cercanas, pero durante las largas lunas del final de la primavera, el verano y el otoño, toda el agua tendría que ser acarreada en cestas desde el Riachuelo de Banya, subiendo por senderos malos y escarpados. Ishi midió y señaló un espacio bajo el pino, a la sombra, de dos arcos por uno de tamaño. Este sería el lugar de amontonar nieve en invierno y de este modo ahorrarse muchos viajes al riachuelo helado. Cuando el Tío Mayor vio lo que estaba haciendo, lo ayudó a apretar y apisonar el pesado suelo de adobe, dejándolo pulido y casi impermeable.

La Madre y Tushi hicieron un pequeño refugio para las mujeres cerca del wowi-cueva; sólo cabían de una en una. Almacenaron sus tintes, helechos y plumas para las bellas cestas de los estantes altos del fondo de la cueva; y allí guardaron también sus fardos de los tesoros.

Más allá del watgurwa, el saliente era menos profundo e Ishi construyó un dosel de corteza de árbol sobre una hondonada natural, donde hizo un escondrijo para el pedernal y la obsidiana. Al cabo de unos cuantos días, comenzaron a amontonarse allí astillas y pedacitos de piedra de cristal, pues Ishi trabajaba. Este era el extremo del poblado y el saliente también acababa a diez medidas de arco aguas abajo.

Los senderos que conducían a Wowunupo eran laberínticos y estrechos, no mayores que los caminos de los zorros y los tejones; y así se dejaron. Desde el pino gris, y descendiendo por el saliente hacia el riachuelo, había una leve senda hecha por los osos cuando vivían en Wowunupo. Ishi la llamó el Sendero de Tetna y también se dejó como estaba. El Sendero de Tetna estaba cubierto por la maleza en todo su recorrido. Acababa encima de la orilla del riachuelo, que era muy escarpada; y allí escondió Ishi una cuerda entre las matas, con la cual se descolgaba hasta el agua. No era fácil hacer la escalada de regreso por la escarpada orilla con una cesta llena de agua sujeta por una cinta a la cabeza, pero aprendió a hacerlo, agarrándose a la cuerda con manos y pies.

Entre Gahma, río arriba, y el extremo del sendero del tetna, en un ángulo escarpado crecía sobre el agua un alto aliso con las raíces semidescubiertas. Operando con cuñas y sogas, el Tío Mayor e Ishi liberaron las raíces, hasta que pudieron, empujando y colgándose con todo su peso del tronco del árbol, hacerlo caer sobre el Riachuelo de Banya, yendo a caer la copa en la otra orilla.

«¡Aliya! Ahora tenemos un aliso que lo cruza, como el del Riachuelo de Yuna.» El Tío Mayor se puso contento.

«Pero este es mucho más alto... » Tushi miró con temor hacia abajo, desde el tronco al riachuelo. El estanque oscuro y tranquilo de Gahma quedaba lejos; aquí el agua rugía y espumaba sobre grandes cantos rodados.

«No hay otra forma», dijo el Tío Mayor a Tushi. «Las orillas son aquí más altas. Además, el Riachuelo de Banya es más profundo que el Riachuelo de Yuna. Un paso a menor altura sería arrastrado en la época de las crecidas.»

Las copas cargadas de hojas de los árboles formaban un dosel compacto sobre el poblado de Wowunupo. La bóveda de la cueva se ennegreció con los fuegos de la Madre, pero mantenía el humo secreto para los extraños. En lugar de elevarse haciendo una espiral azul, se escurría y flotaba fuera de la cueva y entre la maleza como si fuera polvo de pedernal azul de Kaltsuna arrastrado por las corrientes.

Hasta que el watgurwa estuvo acabado, cavado el hoyo del fuego y la propia cueva bien cerrada para el invierno, Ishi no tuvo tiempo ni pensamientos para nada más. Ahora estas tareas estaban acabadas y las cestas llenas. Fue a su lugar de trabajo, en la hondonada del final del saliente. Comenzó a tallar una punta de lanza, pero pronto dejó el raspador en el suelo.

Ahora todo está hecho. Los Ancianos vuelven a reír y a cantar junto al fuego; la Madre dice que es una buena aldea... ¡Aii-ya! ¡Hoy Wowunupo me encierra como el Cañón de Yuna se le caía encima al Desasosegado... Desde la mañana en que él y yo salimos juntos de Tuliyani, no he cantado con mi arco ni he escuchado al Monstruo. ¡Y aquí no hay Roca Negra!

Ishi ascendió desde la hondonada. Un breve esfuerzo entre la maleza lo condujo a un claro de roca esquistosa. Pasando las rocas, trepó por un cortado de madroños y pinos grises hasta un risco que pendía sobre el cañón. Había visto este risco desde lejos, pero nunca había estado allí. Ahora fue hasta el borde y le sorprendió descubrir que se veía el fondo del cañón e incluso una abertura en forma de cuña que daba al Gran Valle.

¡Su! ¡Un punto de Observación de Wowunupo! Está más cerca del poblado que la Roca Negra de Tuliyani; y más cerca del Monstruo. Desde aquí sólo habrá un momento de visión de su cabeza humeante, pero lo oiré con toda claridad.

El Sol viajaba cada vez más abajo por el Camino Celeste en dirección al oeste. El Gran Valle y el cielo brillaban con los rojos y los púrpuras del tocado del Sol al final del día; el Río Daha se había convertido en una maroma de fuego retorcido. El Monstruo apareció brevemente en la soflama de la puesta de sol, con su humo rosado contra el cielo rojo, mientras el río seguía haciendo un recodo y se perdía de vista.

Ishi puso una ofrenda de tabaco en una piedra y sólo abandonó el Punto de Observación cuando el último color había desaparecido y las primeras estrellas comenzaban a brillar en el Mundo Celeste. *Por primera vez en muchas lunas, de nuevo mi Sueño parece estar cerca de mí. Había llegado a pensar que ya no sabría tener sueños.*

Algunas noches después el Tío Mayor dijo al Abuelo y a Ishi en el watgurwa: «Pronto las lunas traerán lluvia. Vayamos, Hijo de Mi Hermano Mayor, tú y yo, a cazar en la montaña. Las cestas están llenas, desde luego, pero el Año Nuevo y el trébol verde pueden ser lentos en llegar y el invierno puede quedarse largo tiempo en Wowunupo».

Ishi se acordó toda su vida de este viaje con el Tío Mayor. Estuvieron fuera por espacio de más de media luna; los días eran los días de sol bajo de la época de la cosecha, las noches eran luminosas con la luna de la cosecha. Hablaron, los dos, como entre hombres. Y durante toda la cacería estuvieron libres de saldu, que habían abandonado los prados para cazar en la otra ladera de la montaña. El Tío Mayor e Ishi instalaron su campamento cerca de la Pradera Alta y desde allí fueron hasta la cumbre del Waganupa.

Ishi contó al Tío Mayor su viaje por el Mundo de los Yahi; y le enseñó dónde habían ido él y el Desasosegado, y le dijo de qué hablaron. El Tío Mayor le habló de sí mismo cuando era un joven wanasi; y de sus sueños. Le habló a Ishi de la esposa que había perdido cuando fue arrasada la Aldea del Laurel; y algo de lo que pretendía hacer de su vida antes de que los saldu pusieran fin a aquel antiguo mundo.

Sin duda mi tío pretendía ser cabeza de familia, el Majapa de un poblado, como aquellos grandes Majapas cuyos nombres y hazañas me ha relatado el Abuelo. El Tío Mayor debe sentirse aprisionado por Wowunupo, a veces por toda la vida. No dice nada de eso; no se olvida ni se queja del Camino.

La caza fue buena; en la pradera había ciervos, patos y gansos grises, y un rebaño de alces. Los alces no prestaron atención a Ishi ni al Tío Mayor, quienes pasaron mucho tiempo escuchando sus balidos y aprendiendo a imitarlos; observaron cómo caminaba el jefe, con las hembras y los jóvenes machos siguiéndole a continuación; cómo, a veces, los jóvenes machos luchaban unos con otros, y a veces desafiaban al jefe. «Pero», dijo el Tío Mayor, «ese Viejo sigue siendo mejor luchador y más elegante que los jóvenes. Si lo perdieran, ninguno de ellos está preparado para conducir la manada».

Mataron a uno de los machos jóvenes, lo que les proporcionó buena carne y buena piel, astas y huesos. Cuando emprendieron el regreso, dejaron escondrijos por el camino que Ishi iría llevando a Wowunupo conforme pudiera.

El Tío Mayor entendió las señales de invierno temprano y largo. La luna del trébol verde tardó en llegar, pero Wowunupo-mu-tetna estaba caliente y seco, y con el extra de las cestas de comida procedentes de la cacería en la montaña, los de la cueva estuvieron a salvo del hambre hasta que, finalmente, llegó el salmón de la primavera por el Riachuelo de Banya.

Todo fue bien para el Pueblo de Wowunupo durante una y otra vuelta de las lunas de las estaciones. Los dos Ancianos iban de la cueva al espacio despejado y soleado alrededor del pino gris situado en el centro de la aldea, envueltos en sus capas y mantas cuando hacía frío. Se referían a sí mismos como los «Antepasados» y en verdad que cada vez más eran como Antepasados. Mientras el Sol iba desde lo alto hasta lo bajo atravesando el Mundo Celeste, se sentaban cara al oeste, sosteniendo el Abuelo la pequeña garra que era la mano de la Abuela en su propia mano no-mucho-más-grande.

El Abuelo nunca se ponía enfermo, pero estaba envarado y ya no era fuerte. Los dolores se le habían metido en las articulaciones y no había Kuwi, Doctor, que los extrajera. Le producían inflamaciones y le hacían dolorosos y difíciles todos los movimientos. Cuando llegó por segunda vez la primavera a Wowunupo, ya no volvió al watgurwa y la Madre pudo ver que pronto los abandonaría. Era su gran edad lo que le hacía volar los ojos y los pensamientos hacia el oeste.

Dijo él a la Madre: «El viaje a Wowunupo fue mi último viaje. Soy demasiado viejo para ir a ninguna parte que no sea Sendero abajo».

Antes de que las lunas trajeran el feroz calor del verano, el Abuelo había desaparecido.

La Abuela no lloró mucho, pero cada amanecer, a partir de la desaparición del Abuelo, le costaba más y más trabajo respirar. «El aire se va haciendo cada vez más pesado», decía. «Ya no puedo llevarme el aire a la boca. Necesito el viejo Kuwi para que sople un aire más ligero.»

Tushi intentó abanicarla con aire más ligero e hizo viaje tras viaje, en medio del calor, para traer agua fresca con bayas frías machacadas dentro, porque la Abuela no comía absolutamente nada.

Cuando llegó la Madre con una cesta de té para ella, la Abuela vio que había estado llorando. Puso las manos en la cabeza de la

Madre a la antigua usanza. «No llores por los Antepasados, Hija mía. Ni tú ni Tushi sois quienes me necesitan ahora, sino el Anciano que se olvidó de esperarme. Yo sólo deseo seguirlo Sendero abajo. Llevábamos tanto tiempo juntos que no consigo recordar cómo se vive separada de él.»

Antes de la tercera cosecha de Wowunupo, la Abuela había seguido al Abuelo a la Tierra de los Muertos.

Tushi lloró al desaparecer la Abuela. Recurrió a la Madre, pero la Madre sólo podía llorar con ella. Las lágrimas caían rodando por el rostro del Tío Mayor. Ishi se llevó el arco a la hondonada, donde lloró a solas, pensando a ratos en los Ancianos, pero pensando también en la pena del Tío Mayor y en las lágrimas de Tushi y de la Madre. ¡Aahh! *¡Las lágrimas de mi Pueblo! ¡Las lágrimas de mi Madre! ¡Sólo una vez la había visto llorar de esa forma!*

Cuando Ishi regresó a la cueva, el Tío Mayor estaba diciendo a la Madre: «Debemos ayudar a nuestra Pequeña a vivir. La Vieja, con los pensamientos muy perdidos en el pasado, hablaba de los Viejos Tiempos y de ese modo traspasó su propio pasado a la Joven. Ahora Tushi sólo tiene el recuerdo de los recuerdos de la Vieja para vivir. Eso no es suficiente. Tú, Madre, debes rezar a la Mujer de la Concha Blanca; ella tiene mucho poder y sus sueños son sueños curativos».

Ishi vio cómo la Madre se secaba las lágrimas y el Tío Mayor dejaba a un lado su pena; cómo mantuvieron el círculo alrededor del fuego, de modo que cada cual mirara los rostros de los demás y no se amontonaran los cuatro; cómo hablaban a veces a la manera de los Ancianos, de modo que la conversación alrededor del fuego no careciera de relatos ni de las pequeñas bromas de los Ancianos; cómo hablaban muchas veces de ellos como si estuvieran vivos, hasta que Ishi e incluso Tushi aprendieron a hablar de ellos y a pensar en ellos sin llorar.

Ishi fue al Punto de Observación por primera vez desde la desaparición de los Ancianos. Estuvo mirando el panorama del cañón y la cuña del Gran Valle.

Perder a los Ancianos es doloroso, muy doloroso. Eran los Antepasados, como ellos decían, tanto vivos como muertos. Mucho antes de su tiempo llegaron los Primeros del Pueblo, los Iniciadores. Ahora, pasado su tiempo, no vendrá nadie. Sólo quedan cuatro: una Madre, un Tío y dos Primos. Este es el pueblo que debe vivir sin Jóvenes ni Viejos, sin esperanza. El Pueblo del Final, el último Pueblo. Jupka hizo este mundo para el Pueblo; pero Jupka se convirtió a sí mismo en una mariposa antes, mucho antes, de que el enemigo viniera aquí: no sabe nada de los pálidos saldu.

Ishi estaba tendido, mirando con los ojos semicerrados hacia las plumas caídas del peinado del Sol. Una mariposa jupka revoloteaba ante sus ojos, tomando sus alas los colores de la puesta de sol.

Es una hora tardía del día para una jupka. Pronto estará aquí el invierno, en que sólo se ven las casas blancas que son los capullos de las mariposas.

La voz del Monstruo llegó hasta Ishi desde el Valle; en la quietud del aire sonaba casi familiar y amigable. No se irguió para verlo; estaba ya medio dormido. Cuando el Monstruo hubo desaparecido por el recodo, él se durmió y mientras dormía tuvo un sueño.

En su sueño viajaba hacia poniente, convirtiéndose en parte del poniente, desplazándose sin esfuerzo Río Daha abajo, con el río brillante como una maroma ardiendo, y más allá hacia las aguas confluyentes donde los ríos discurren juntos. Y de este modo llegaba hasta el Borde del Mundo.

Allí las cosas eran como el Abuelo le había contado hacía mucho tiempo: el Sol se hundía bajo el borde del mundo por el Océano Exterior, haciendo que el mar hirviera por encima de la tierra, enviando olas hasta muy tierra adentro. Las olas volvían a retroceder, dejando conchas blancas y púrpuras sobre la costa. *Son regalos de la Mujer de la Concha Blanca cuyo hogar está en el Océano Exterior.*

En el sueño, Ishi se lanzaba también al Océano Exterior, siguiendo al Sol por toda la cara inferior del Mundo, en dirección oeste-este, un viaje que le llevó toda la noche. De este viaje, el Abuelo le había dicho: «Cuando la tierra era plana y estaba vacía, el Dios Jupka le dio la vuelta y construyó un camino ancho y recto en la parte inferior que iba de oeste a este, y luego la volvió a poner derecha otra vez. Este es el camino por donde viaja el Sol durante la noche, cuando está oscuro».

Ocurrió tal como el Abuelo decía y, por la mañana, el Sol ascendió de vuelta por el borde oriental sobre la tierra, brotando y extendiendo las largas plumas de su peinado hasta que toda la tierra y todo el cielo estuvieron iluminados. Entonces comenzó una vez más su viaje diario por el Camino del Cielo, por encima de la tierra, de este a oeste.

Ishi abrió los ojos. Estaba en el Punto de Observación, tendido como cuando se echó a dormir al sol poniente; el Monstruo llamaba Pii-PIIII-pii desde el Valle, y la mariposa jupka de la noche anterior estaba adherida a una roca junto a él, con sus alas quebradizas expuestas al viento de la mañana.

Ishi estuvo quieto un rato más. El sol brillaba caliente sobre él; quería pensar en su sueño. *Mi Sueño nunca es el mismo. Pero su camino es, sin lugar a dudas, el camino del Sol. Y esta vez el Monstruo ha aparecido al comienzo y al final.*

Ishi se puso en pie. Levantó los brazos, arriba del todo, extendidos hacia el Sol. *¡Suwa! ¡Es bueno soñar!... Mi Sueño me da valor. El Sol luce. Mi arco está a mi lado. Abajo, en Wowunupo, están mi madre, mi tío y la Pequeña Concha, mi prima. ¡Aiku tsud!*

3
El Pueblo del Final

Las lunas de las sucesivas estaciones pasaban de crecientes llenas y envejecieron y palidecieron muchas, muchas veces. Cuando las Cinco Hermanas del Mundo Celeste bailaban sobre la cabeza de Ishi, él sabía que era la mitad del invierno y hacía una muesca en el mango de su arpón. Cuatro muescas formaban una fila. Había completado cuatro filas e iniciado la quinta desde la primera Fiesta de la Cosecha en Wowunupo.

Tushi recorría el mango del arpón con los dedos, contando. «¡Aquí están marcados más de dos veces diez estaciones de la luna! Tú y yo ya no somos jóvenes, wanasi. Hemos aprendido bien la vida de la cueva, de estar escondidos, ¿su?»

«Sí, Pequeña Concha Blanca, nosotros el Pueblo del Final.»

Los primos se miraron el uno al otro y sonrieron.

Puede que ella ya no sea joven en lunas, pero mi prima es para mí como siempre ha sido. Sus mejillas mantienen el color de la baya del toyón; su pelo es suave y resplandeciente como cuando la Abuela se lo enrollaba; anda derecha y ligera de pies, a la manera de las mujeres Yahi; su voz es suave como la de la codorniz: sigaga sigaga, me llama.

Desde hace muchas lunas vamos juntos cuando estamos lejos de Wowunupo. Si yo cazo, ella anda por las colinas y hace faenas de mujer mientras cae la pieza. Recogemos juntos bellotas y leña, y todos los días planeamos juntos dónde iremos; qué vamos a hacer. Ella llena las lunas de mis días.

Para sí, Tushi dice: «Mi primo, el wanasi, tiene el mismo aspecto que tenía la primera vez que se levantó el pelo al viejo estilo de los Cazadores Yahi. He ido detrás de él desde que aprendí a andar; siempre he esperado su llamada; entonces voy. Mis días están llenos de él, ya ni siquiera sigo soñando mi Sueño Blanco».

Ishi ya no solía ir al Punto de Observación a ver el Monstruo y también su Sueño se había alejado de él. Ishi y Tushi vivían la vida de la cueva, como decía Tushi. Pensaban en el enemigo sólo para tener cuidado en evitarlo.

Estaban enterados de que cada vez había más ganado y caballos y borregos en las colinas de los Yahi, y más cabañas de los saldu. Había saldus que vivían en el Riachuelo de Yuna aguas abajo y habían visto una serrería construida en la Cañada de las Bellotas. Por el olor, por el eco de las voces extrañas y por la penetrante percusión de los cascos herrados en la roca, supieron que llegaba una recua. Siguieron a pasitos lentos su marcha hasta una cabaña, donde vieron la comida de los caballos, los sacos de harina y café, y las lonchas de carne salada descargadas y colocadas en estantes. Permanecieron cerca de la recua hasta que salió de las colinas.

Los mineros saldu, que buscaban piedras y polvo brillantes en los riachuelos, viajaban solos con un caballo o un burro, cavaban y separaban el oro con la gamella durante la estación de las lunas calurosas, y se iban sin saber que un hombre Yahi y una mujer Yahi observaban todos sus movimientos.

Una vez llegaron saldu con picos y palas y comenzaron a ensanchar el sendero que bajaba al cañón. Ishi y Tushi sonrieron cuando vieron que los saldu cambiaban el curso del sendero, de manera que cruzara el Riachuelo de Banya más arriba, donde la maleza era menos densa, y se dirigían hacia el sur, fuera del Mundo de los Yahi.

«El Abuelo fue quien hizo que el primer saldu se fuera hacia el sur, lejos de los cañones», dijo Ishi.

Durante todas aquellas lunas, ni pescadores, ni mineros ni cazadores saldu, ni tampoco ningún cuadrúpedo saldu, penetraron en la espesa maleza que rodeaba Wowunupo.

Cuando estaban lejos del poblado, Tushi solía andar por las huellas de Ishi. Mientras Ishi observaba vigilante lo que pudiera haber, Tushi se aseguraba de que no quedara detrás ningún trocito desgastado de cuerda que demostrara que habían estado allí. Ishi nunca dejaba caer una punta de flecha ni una pluma, y Tushi no dejaba que saliera nada de sus cestas. Cuando llovía, sus pasos se hundían en el barro. Entonces se paraban para rellenar tales huellas con piedras y tapar las piedras con hojas.

Donde podían, saltaban de una piedra a otra piedra, de peña en peña, de manera que no quedase rastro a sus espaldas. Y nadaban largas distancias por debajo del agua, o bien caminaban por el agua donde era poco profunda y estaba protegida por sauces colgantes. El agua no retenía señal de su paso y se movían por el agua con el mismo silencio que por la tierra.

Haciendo un poco cada vez, habían despejado y horadado túneles entre la maleza, de escasa altura y lo bastante anchos para arrastrarse. Por este procedimiento, entraban y salían de Wowunupo sin hacer senderos, o bien iban al bosquecillo de bayas favorito de Tushi, o al riachuelo o a los otros lugares donde solían ir.

A veces Ishi trepaba al pino gris del centro de Wowunupo. Desde el árbol veía el riachuelo en el fondo del cañón y un trozo del borde superior. También oía mucho mejor que dentro de la criba filtradora de la maleza que encerraba la aldea. Recogía las grandes piñas antes de que cayeran o se las apropiaran las ardillas. Estaban llenas de piñones gordos que él y Tushi sacaban, y destinaban las piñas al fuego cuando estaban vacías.

Mientras Ishi estaba subido en el pino gris, Tushi se tumbaba en el círculo despejado de debajo, mirando el cielo entre las ramas oscuras y las frondosas agujas largas. Un día llamó a Ishi: «Baja, Primowanasi. Creo que este árbol es el Poste del Cielo. Si tú vas a visitar el Pueblo del Cielo, yo también quiero ir».

Hablaron del Pueblo del Cielo cuando los cisnes silbantes, los gansos grises y los patos descendieron sobre las praderas y luego salieron volando hacia el cielo. Sabían que estas aves de vuelo alto volaban fácilmente por la abertura donde el Poste del Cielo horada el cielo. Tushi se preguntaba cómo debía de ser el Pueblo del Cielo.

«El Pueblo Celeste suele venir a la tierra de visita», dijo Ishi, «pero yo creo que, con el enemigo por todas partes, el Poste ha sido recogido dentro del Mundo Celeste. El Abuelo decía que estaba cerca de la falda del Waganupa, pero el Tío Mayor no recuerda dónde, y yo lo he buscado muchas veces pero nunca lo he visto».

Cuando no cazaban, pescaban ni recolectaban, se sentaban alrededor del fuego de la Madre en la cueva, o bien al aire libre bajo el pino gris. Repetían las historias que el Abuelo y la Abuela acostumbraban a contar; cantaban las viejas canciones y, a veces, bailaban. Conforme estaban más rodeados por el enemigo saldu y sus animales, las cuatro personas, la Madre, el Tío Mayor, Ishi y Tushi, vivían escondidos, vigilantes y desconocidos para el saldu más próximo y por todos los saldu. Y la pauta de sus vidas no cambió.

La Madre, que toda la vida había subido y bajado por la escalera de la casa y por los escarpados senderos del cañón como si fuera una jovencita, cayó enferma, con una mala enfermedad que hinchó los tobillos y le causaba mucho dolor. Tushi le lavaba las piernas y le ponía emplastos, envolviéndoselas en hierbas del pantano con agua caliente y en piel de ciervo blando con agua fría, pero seguía sin poder andar. Siempre había sido pequeña, pero ahora, una vez que Ishi la sacó a tomar el sol, dijo: «Un cervatillo medio crecido pesa más en los brazos que tú, madre mía».

La Madre llamaba a Tushi «Hija» y Tushi se acordaba de la Abuela cuando la Madre hablaba de cierta manera y cuando se reía. Sentada bajo el pino gris con sus labores, iba siguiendo las estaciones por el cambio de color de las hojas de los árboles del otro lado del cañón.

Una codorniz llevó sus polluelos al espacio despejado bajo el pino. Las peludas crías corrían sobre los pies de la Madre sin miedo. Vinieron pinzones a picar las migajas de pan de bellotas que ella les guardaba. Ella observaba la familia de búhos que, estación tras estación, anidaba en el tejado del almacén. El Tío Mayor se sentaba al sol a su lado. Hablaban de los Viejos Tiempos mientras él tallaba un nuevo juego de removedores y palas, o hacía una bolsa, y la Madre seleccionaba las hierbas y tejía una estera o un nuevo gorro para Tushi.

«Nosotros somos los Ancianos de Wowunupo», decía la Madre.

El Tío Mayor tomaba baños de sudor e iba al riachuelo a nadar con tanta frecuencia como le era posible hacer la empinada escalada de regreso desde el río; e iba a pescar cuando podía, sobre todo desde que ya no le era posible cazar ciervos. Ishi le había hecho dos palos pulimentados de la madera de manzanita más fuerte que encontró, para que lo ayudaran a subir y bajar por el sendero. Cuando los utilizaba el Tío Mayor se llamaba a sí mismo «Viejo Cuadrúpedo» y «Tejón». Se quejaba: «Mi aire se está volviendo tan pesado como el de la Abuela».

Pero escuchaba atentamente las noticias que Ishi y Tushi le traían del mundo exterior. Deseaba saber dónde se construían nuevas cabañas de saldu; si los saldu talaban las encinas; si los ciervos se iban pronto a la montaña; cuántas cestas de bellotas blancas esperaban traer Ishi y Tushi; y cuándo tenía previsto Ishi ir al lado sur del Cañón de Yuna, donde crecía el tabaco.

El Tío Mayor colocaba todos los días ofrendas de tabaco exactamente a la salida del poblado y se aseguraba de que Ishi dejaba hojas de tabaco con regularidad en la Cueva de los Antepasados. Era un buen Majapa de su Pueblo; y el fuego de la Madre era el lugar más brillante del mundo; eso se decían Tushi e Ishi el uno al otro.

Era la época de la cosecha; Tushi e Ishi estaban en el riachuelo de los Tejones, donde habían acampado la primera vez que fueron a Wowunupo. Ahora recogían bellotas, que almacenaban en un escondrijo bajo los árboles para más adelante transportarlas a casa. Tushi había puesto a secar al sol frambuesas negras y bayas de manzanita extendidas sobre esteras; cada vez que pasaba, las revolvía con una pala de madera para que el secado fuera homogéneo.

Los bastidores de ahumar y secar estaban llenos de ciervo y salmón. En cuanto el pescado y la carne se secaban y podían recogerse y almacenarse, se volvían a llenar los bastidores; pronto las cestas rebosarían.

Mientras cogían las bellotas gordas y blancas, los primos hacían planes para la Fiesta de la Cosecha. La cosecha era grande y ellos pretendían que los Ancianos tuviesen una Fiesta como las que Ishi y Tushi recordaban de Tuliyani. La Madre aún no podía andar, pero dijo: «Entraré en el Año Nuevo andando sobre mis propios pies. ¡Ya lo veréis!».

Tushi estaba susurrando una canción hecha por ella; Ishi oía la canción de su arco sonando dentro de él. *Cuando Tushi canta, la vida es buena. En la Fiesta de la Cosecha asaremos piñones y cantaremos juntos. Ella bailará la Danza de la Mujer y luego me hará que baile la Danza del Cazador, yendo hacia el oste mientras ella va hacia el este. La Madre reirá y cantará con Tushi mientras el Tío Mayor marcará el ritmo con sus bastones.*

Al día siguiente, Tushi e Ishi volvieron al Riachuelo de los Tejones. Tushi removió las bayas y fue al escondrijo donde Ishi almacenaba otra cesta de bellotas.

«Creo que he oído golpes», dijo, señalando con la cabeza en dirección a la cabaña de saldu situada en el riachuelo, por encima de ellos. Ishi escuchó: un ruido hueco de talar, y luego el estruendo del árbol abatido.

Se ocultaron entre la maleza, avanzando como serpientes sobre el vientre en dirección a la cabaña. Allí vieron a ocho saldu con palas, hachas y sierras, y el extraño palo de tubo que les resultó parecido al palo de fuego. Lo recordaban de la época en que los saldu cambiaron el sendero: un hombre miraba por el tubo, diciendo a otro dónde poner una cuerda negra en línea recta sobre el suelo. Luego se clavaban estacas en esta línea cada pocos arcos.

Tushi no se quedó; volvió a casa para advertir al Tío Mayor y a la Madre. Ishi se quedó donde pudiera observar lo que hacían los saldu.

No hacen un sendero; se trata de una zanja que tomará agua del Riachuelo de los Tejones. Pero ¿hacia dónde irá la zanja?... ¡Aii! Las estacas señalan hacia el saliente, hacia Wowunupo. ¿Pretenderán los saldu hacer una serrería como la de la Cañada de las Bellotas?

Al final del día, Ishi volvió a casa. Tushi estaba esperándolo al borde del poblado. Anduvieron más allá de la cueva hasta el Punto de Observación, donde podían hablar sin alarmar a los Ancianos. Estuvieron de acuerdo en que los saldu los descubrirían con toda seguridad si intentaban trasladarse ahora con la Madre sin poder andar; debían mantenerse escondidos en Wowunupo. Incluso si cavaban la zanja hasta el saliente, podrían salvarse. La parte exterior del saliente era menos tupida y desde allí no se veían la cueva ni los almacenes. Ishi dijo: «Podemos escondernos como se escondió el Pueblo de Tres Lomas en sus casas la primera vez que llegaron los saldu».

«Pero debemos tener un plan para el caso de que descubran el poblado.»

«Yo llevaré a la Madre a la maleza.»

«Y el Tío Mayor y yo podemos bajar rápidamente por el sendero del tetna.»

«Pero no hay ningún lugar en que podáis estar ni siquiera por una noche.»

«Podemos cruzar el riachuelo e ir a tu refugio de pescar. Está escondido y es lo bastante grande para nosotros dos.»

Y así fue decidido.

Los primos estaban sentados el uno junto al otro en el Punto de Observación, el Mundo de los Yahi a su alrededor y a sus pies. Hacia allá, dijeron señalando, estaría Tuliyani; por allí, la Cueva Verde. Distinguieron las tres lomas y las rocas por encima del Prado Redondo, el antiguo lugar de sus juegos. Podían ver la cumbre de las cascadas del Yuna. Tushi se inclinó mucho para probar a ver la hoya profunda situada junto a Gahma.

«Es una buena tierra», dijo Tushi irguiéndose. «Pero creo que sabremos dejarla.»

Los labios de Ishi se apretaron tanto que no podían pronunciar bien las palabras. «¿Qué quieres decir, Pequeña Concha Blanca, con "dejarla"? Escaparemos de estos saldu como hemos escapado de los demás, los cuatro.»

«Wanasi… Creo que no debo escapar. No te lo he dicho porque su significación no estaba clara para mí, pero hace ya unas lunas que he vuelto a soñar con el antiguo Sueño Blanco otra vez, noche tras noche. Me parece que el sueño me está preparando.»

«Preparando… ¿para qué?»

Tushi se puso en pie y se quitó el collar de las cuentas azules y blancas entre las conchas. Removiéndolo en la mano, de modo que las conchas entonaran una canción seca y cascabeleante, dijo: «Mírame, Primo-Hermano. ¡Soy la Mujer de la Concha! Mis conchas cantan y su canción llena el aire. Tú no puedes oír al Monstruo y el sonido de las desagradables voces de los saldu se pierde en mi canción. Mis conchas cantan sobre Tuliyani, por encima de Wowunupo, todo el camino hasta el Waganupa.

Wa-ku
Hus-taya
¡Shu-shu-shu!»

Era una extraña canción, lenta y extraña la danza que ella bailó con la canción. *Tushi tiene ahora el aspecto que tenía la primera vez que bailó alrededor del fuego con la larga varita de mimbre de la Abuela en la mano.*

El movimiento de las conchas se hizo más lento y se detuvo. Tushi se las puso alrededor del cuello y se sentó al lado de Ishi. «Todas las noches oigo el lejano cascabeleo de las conchas. Canto la canción de las conchas y voy un poco más lejos en el Sueño Blanco. Ahora huelo la hierba verde y las flores de muchos colores que me dijo mi madre que están en el hielo. Esta noche podré verlas como las veía ella. Estoy segura de que un día iré a la Tierra Blanca a encontrar a mi Madre.»

Ishi siguió sin poder decir nada. «No deseo dejarte, Tehna-Ishi. No me iré a menos que deba hacerlo. Y... cuando me sigas Sendero abajo, yo iré a tu fuego de campamento.» Tushi puso una mano en el brazo de Ishi durante unos instantes. «Me reuniré contigo y, juntos, iremos al fuego de campamento de tu padre.»

Ishi se restregó las manos por la cara. «¡Suwa! ¡Así sea, Mujer de la Concha de Wowunupo!» De nuevo guardó silencio y, al cabo de un rato, Tushi dijo: «Primo, tú sabes mi Sueño. ¡Cuéntame el tuyo!»

Ishi miró a su prima. Dijo: «En los Viejos Tiempos, el Abuelo dijo que los hombres sólo hablaban sus Sueños en el watgurwa. Pero... éstos no son los Viejos Tiempos, éstos son los Tiempos del Final. Y tú, prima mía, perteneces ahora a la Mujer de la Concha. Hace muchas lunas que he querido contarte mi Sueño como tú me has contado el tuyo...»

Ishi contó a Tushi su Sueño y, al final, Tushi dijo: «Es como yo me pensaba; hay algo que tú tienes que hacer».

«¿Hacer? ¿Qué puedo yo hacer?»

«No lo sé. Es tu Sueño y no puede entenderlo ninguna otra persona.»

No hablaron más de sus sueños, sino de la Madre, del Tío Mayor y de lo que ellos hacían cuando eran niños y, más adelante, juntos.

Estuvieron en el Punto de Observación hasta que el Sol se ocultó por el borde occidental del mundo. «Ahí está el Monstruo, recordándote tu Sueño», dijo Tushi.

Antes de abandonar el Punto de Observación, Ishi cogió tabaco, echó una pizca en todas las Direcciones de la Tierra y otra pizca sobre la cabeza de Tushi, haciendo un movimiento con sus manos como si fueran el humo que la envolviera. Luego partieron, Tushi hacia Wowunupo e Ishi bajando hacia el riachuelo. Dijo que traería salmón para la comida de la tarde, pero iba para estar solo, para pensar en todo lo que había dicho Tushi y en todo lo que había ocurrido aquel día.

¡Su! No puedo hacer el brazalete de hierba dulce para Tushi. Es mi prima hermana. ¡Es mi amiga, es la Dambusa!

Wa-ku
Hus-taya
¡Shu-shu-shu!

Cuentas de Conchas Blancas
Como las alas del halcón
¡Shu-shu-shu!

Cruzando el río por el tronco del aliso, Ishi cogió el arpón de su escondite y fue nadando hasta una roca pulida y plana, casi en mitad de la corriente, pero tan cubierta por un sauce de ramas colgantes que sólo se veía desde el arenal bajo de la ribera opuesta.

Limpiaré el refugio del arpón, por si acaso Tushi y el Tío Mayor tienen que pasar aquí una noche.

Pasó un salmón. De un golpe rápido, lo arponeó. Lo llevó a la roca y se dispuso para otro golpe, con los ojos fijos en el agua, cuando, por debajo de los párpados, vio cuatro huellas de herradura en el arenal. Levantó la mirada, con el arpón suspendido. Allí estaban dos saldu, asombrados como si vieran un fantasma.

¡Nunca había venido aquí un saldu! Nunca se habían movido con tanto silencio. No he oído nada. No he olido nada. ¡Sólo estaba pensando en Tushi!

«¡Heexai-sa! ¡Heexai-sa!» ¡Iros! les gritó Ishi, blandiendo el arpón. Ellos dieron media vuelta y echaron a correr hacia la maleza.

¿Están en todas partes estos saldu? ¿Qué es lo que hacen aquí? Ishi esperó, pero no apareció nadie más ni volvieron los dos vistos. Estaba casi oscuro cuando emprendió el regreso a casa.

No hicieron fuego en Wowunupo aquella noche ni la mañana siguiente. Tan pronto como hubo luz, Ishi descendió parte del sendero del riachuelo. No había ido lejos cuando oyó que algo subía por el sendero. Tensando el arco, esperó. Uno de los saldu de la noche anterior entró en su campo de visión arrastrándose a gatas por el sendero. Ishi apuntó y disparó, ladeando su flecha el sombrero que el hombre llevaba en su cabeza. Tenía lista una segunda flecha, pero el saldu se deslizó sendero abajo e Ishi lo dejó ir, pues no pretendía matar a menos que fuese necesario.

Al no oír nada más allí, regresó a Wowunupo. Las cuatro personas permanecieron muy juntas en la entrada de la cueva. La Madre estaba tendida en la boca de la cueva, protegida por la bóveda colgante. Tushi dijo incomodada: «Nuestras cercas de maleza me asustan hoy. Tapan lo que necesitamos saber».

«Voy al pino gris. No, no te preocupes», Ishi vio que la Madre iba a protestar. «Sólo subiré hasta que mis ojos y oídos se liberen de la maleza.»

Regresó en seguida. «Creo que pueden estar en el saliente. No veo nada, pero oigo el ruido de los cuchillos de los saldu, cortando la maleza.»

Tushi preguntó: «¿Cómo de cerca están?»

«Están en la maleza espesa –creo que cerca–; me cuesta decirlo, nunca habíamos tenido al enemigo aquí...»

El Tío Mayor dijo: «Tal vez renuncien y caven la zanja en otro sitio».

Ishi no dijo lo que sabían tanto él como el Tío Mayor: la zanja sólo podía cavarse en el saliente. Estaba preocupado. *Si no están cavando, ¿qué es lo que están haciendo? ¿Colocando la línea de estacas para orientarse? O bien, al haberme visto anoche en el riachuelo, buscan ahora el poblado? El que subía esta mañana por el sendero no estaba, desde luego, haciendo la zanja.*

Ishi volvió a trepar al pino gris. Ahora oyó las voces de los saldu, murmurando y refunfuñando. *Son pies de cuerpos pesados en movimiento. ¡Están muy cerca! ¡Han debido encontrar uno de nuestros túneles, porque en otro caso no avanzarían tan deprisa!*

Al final del túnel, cerca del refugio del almacén, desde donde una vereda tortuosa conducía al pino gris y al centro de la aldea, apareció la cara de un saldu.

Ishi saltó al suelo, justo por delante del saldu, arrastrándose hasta fuera del túnel y poniéndose de pie. Echó a correr hacia la cueva, llamando suavemente a Tushi: «¡Su, su! ¡Sigaga, sigaga! ¡Saldu! ¡Saldu! Corred, corred, tú y el Tío Mayor!».

No había tiempo para llevar a la Madre a la maleza. Ishi echó una capa y una manta sobre ella y se encaramó en el árbol más próximo. Observando entre las hojas, vio a Tushi y al Tío Mayor, apoyándose pesadamente en el brazo de ella, que salían en dirección al sendero del tetna.

Se habían perdido de vista en el instante en que el saldu que iba en cabeza entró en el círculo descubierto alrededor del pino gris, donde se detuvo, gritando algo en tono de sorpresa a los que venían detrás. Ishi veía poco de lo que estaba ocurriendo, pero oía las voces excitadas de los saldu, hablando, llamándose y exclamando.

Parecían estar todos en la aldea y uno de ellos encontró la cueva. Ishi sólo veía el borde exterior del suelo de la cueva, pero oía cómo eran removidas las cestas de los estantes del interior. Luego, la manta de piel de conejo que cubría a la Madre, un trozo de la cual salía fuera donde él podía verlo, se movió y desapareció. Un saldu debía de haber descubierto a la Madre.

Debajo de él, en la cueva, la Madre yacía quieta, temblando, atemorizada, con Ishi abrumado arriba, listo para saltar si ella gritaba o alguien la tocaba. Pero uno de los saldu le habló con voz tranquila: «¿Malo?»* Y la Madre respondió: «Mahde, mahde». Enferma, enferma. Debía de haber visto sus piernas vendadas. Dijo alguna otra cosa, pero la Madre no lo entendió. Se acercaron otros a mirar y el primero de ellos pareció ordenarles que se alejaran. Entonces hubo mucha conversación entre los saldu; Ishi pensó que se estaban peleando. El final fue que el que había encontrado a la Madre, tiró al suelo la capa y la manta de ella y se fue, seguido por el que llevaba el tubo.

Los que se quedaron no prestaron más atención a la Madre, que se quedó quieta y desamparada mientras ellos sacaban las cestas y los demás objetos de la cueva al exterior para verlos con luz. Ishi vio instantáneas de cómo tocaban con los dedos sus herramientas. Uno de ellos había encontrado la cesta inacabada de Tushi y la estaba enseñando a los demás.

Así son los saldu: penetrarán incluso en la casa de las mujeres. Nada quedará en su sitio cuando acaben estos demonios. Sin embargo, Tushi y el Tío Mayor se han alejado y no tocan a la Madre... Pero, ¿cuándo se irán?

Finalmente, las voces se perdieron por el sendero, dejó de oírse el ruido de los últimos pasos con botas. Ishi se dejó caer al suelo, cogió a la Madre en sus brazos y la llevó a su hondonada de trabajar. Se quedó inmóvil para escuchar y miró una vez más. Luego la llevó, atravesando el trecho de piedra arcillosa desnuda, a los madroños y, rodeándolos, al extremo más lejano del Punto de Observación. Allí la bajó.

«¿No te han tocado? ¿No te duele nada?»

«No tengo dolor. No me han tocado. ¿Dónde están la Pequeña y el Tío Mayor?»

«A salvo. Los vi marcharse por el sendero del tetna.»

«Aiku tsub... Entonces, dejemos que esos groseros se vayan y, después de un amanecer o dos, volveremos a nuestro hoyo del fuego... El

---

* Así en el original.

que me descubrió quería llevarme a alguna parte, creo, pero los otros se opusieron… Tenía la voz amable.»

El Sol calentaba la tierra donde yacía la Madre y un matorral plumoso la protegía. Dijo que estaba cómoda.

Ishi dijo: «Voy a cerciorarme de que no han vuelto y cogeré algunas cosas de la cueva».

Ishi regresó a Wowunupo con la intención de llevarse el arco y una cesta de agua, un poco de comida y mantas. Se mantuvo al principio entre la maleza hasta estar seguro de que no había vuelto ningún saldu. Allí no había nadie. Estuvo bajo el pino gris del centro del poblado, mirando a su alrededor. No encontró el desorden que esperaba, sino vaciedad, como en una aldea mucho tiempo deshabitada.

¿Dónde está todo?

La puerta del almacén estaba abierta, las estanterías vacías. Miró detrás; no había nada. Fue a la cueva; estaba vacía, a excepción del fardo de los tesoros de la Madre, que había sido descuidado, junto con otras cuantas cosas que lo acompañaban en su estante alto. Fue a los bastidores de secar, a la casa de ahumar, al watgurwa. Despacio, muy despacio, comprendió: la aparente vaciedad era real.

Habían desaparecido su arco, las flechas y la aljaba de piel de nutria; su arpón y su taladro; sus cuchillos, rascadores y escoplos; la mayor parte de los utensilios domésticos y de cocina, y toda la comida. Buscó la capa de mapache y león de montaña de Tushi, la manta de piel de oso, la capa de plumas de la Madre, las mantas recosidas y desgastadas de piel de conejo. No había nada.

Soy un dawana. Rondaré como un coyote, sin sentido. Mis ojos miran al suelo, así que no veo lo que tengo delante. Lo encontraré todo cuando me vuelvan los sentidos. Mientras tanto, no diré nada de esto a la Madre.

Ishi buscó por la maleza desde una punta a otra del poblado y en los túneles por los que se entraba en la aldea. No encontró nada.

En la cueva había quedado una cesta parcialmente llena de agua y dos cestas con algunas vayas y semillas. Las cogió y regresó con la Madre. Ella no le preguntó por el arco, por las mantas ni por la comida. Él le hizo una cama de ramas y helechos. Era una noche cálida. Se sentó al lado de la Madre, quien, muy cansada, se durmió. Totalmente despierto, él estuvo mirando fijamente el cañón a la luz de la luna.

¡Si supiera que Tushi y el Tío Mayor están a salvo!

A la mañana siguiente, Ishi estaba recogiendo bayas para la Madre cuando oyó a alguien por la maleza. Habían regresado dos de los saldu. *¿Vienen por más? Tendrán que coger las casas y los bastidores de secar; no hay otra cosa.*

Ishi los estuvo observando escondido en un bosquecillo de manzanitas. Eran los dos que se habían ido antes que los otros el día anterior. Ishi estaba seguro de que ahora buscaban a la Madre. Registraron la aldea y la maleza de alrededor, buscando huellas u otras señales que los guiaran. Se sentaron, sudorosos y desanimados, cerca de la manzanita en que estaba oculto Ishi. Antes, la chaqueta de uno de ellos había rozado el chamizal que ocultaba a la Madre, tendida. No la vieron; tampoco oyeron la respiración de Ishi.

Cuando iban a irse, volvieron otra vez a Wowunupo. Uno de ellos se detuvo en la cueva y, sacando del bolsillo una navaja y un saquito de tabaco, los colocó en la estantería inferior. Luego dio media vuelta y desapareció.

Negras nubes de lluvia se cernían sobre Wowunupo, al igual que en los dos días anteriores, pero el tiempo seguía siendo bueno en el Punto de Observación. Cuando los saldu se hubieron ido, la Madre dijo con firmeza: «Creo que esos dos no querían hacerme ningún daño. En todo caso, hoy no volverán a este lugar. Ve, ve, Hijo mío, a por Tushi y el Tío Mayor. Pueden necesitarte. Yo no me moveré y nada me molestará aquí».

Quedaba un poco de agua en la cesta y estaban las bayas que Ishi había recogido. Él estaba en pie, dudando entre si dejarla o no dejarla.

«Ve. Vete en busca de esos dos.»

Durante un momento, él puso las manos sobre los hombros de la Madre. La Madre le sonrió, luego se había ido.

No utilizaba el sendero del tetna que iba al riachuelo desde que los saldu lo conocían, sino que llegó al agua más abajo del sendero, cerca del arenal. Primero estuvo mirando la otra orilla del río, donde estaba oculto en la maleza el refugio de pescar. Nada daba muestras de que Tushi y el Tío Mayor estuvieran allí. Eso era de esperar, pero se sentía muy preocupado por ellos porque el río iba crecido y fangoso. Debía de haber llovido mucho en la montaña durante los últimos tres días.

Además, había encontrado los bastones del Tío Mayor en Wowunupo. Sin ellos le resultaría peligroso pasar por el tronco aliso. Tampoco existía ningún lugar donde pudieran estar dos personas cerca de Wowunupo: la pared del cañón y la orilla del riachuelo eran demasiado escarpadas y, ese día, buena parte de la orilla del río estaba inundada. El agua cubría el mismo arenal y las huellas dejadas por los saldu dos noches antes estaban bajo el agua. Ishi anduvo aguas arriba, hacia el tronco aliso, con los ojos fijos en el suelo mojado, por si acaso encontraba más huellas. Y así fue como vio algo que brillaba en el barro, donde las aguas removidas arrojaban espuma, guijarros y arena del riachuelo.

Se puso de rodillas para ver de qué se trataba: un trozo de cinta de piel de ciervo y, sujetas a la cinta, dos cuentas de concha blanca y un fragmento partido de cuenta azul y blanca. *¡El collar de Tushi! ¡La pieza de la Cueva Verde! ¡Las conchas blancas que yo mismo taladré y sujeté para ella!*

Olvidando a los saldu, olvidando a la Madre, Ishi corrió por la orilla hasta el tronco mojado de aliso y, cruzando por él, al refugio de pescar. Estaba igual que lo había visto la última vez. Tushi y el Tío Mayor no estaban.

Volvió a atravesar corriendo el riachuelo y volvió adonde había encontrado las cuentas, y estuvo mirando arriba y abajo. Luego fue al sendero del tetna. En el sendero encontró huellas débiles y marcas como si Tushi y el Tío Mayor hubieran descendido la última parte empinada resbalando. Ishi pensó que no se trataba de que el Tío Mayor se hubiera caído, sino que arrastrarse era su única forma de descender sin los bastones.

Ishi buscó arriba y abajo del tronco de aliso y por la maleza junto al río. No había señal de pies ni de manos; ningún cabello cogido por los matorrales espinosos. La maleza estaba tan vacía como Wowunupo. El mensaje de las cuentas era evidente. La espuma todavía lavaba, alta y atemorizada, por encima del tronco resbaladizo.

Saltó al agua, agarrándose a una rama que arrastraba la corriente. Utilizándola para sostenerse contra la fuerza de las aguas crecidas, comenzó a buscar por el riachuelo. La rama fue arrastrada y él perdió el equilibrio. La corriente lo golpeó contra los pedruscos del centro del arroyo, lo lanzó a un remolino y lo volteó de un lado a otro. Fue arrastrado corriente abajo y arrojado a la orilla mucho más allá del arenal.

Allí se quedó, respirando con dificultad, semiinconsciente, mientras poco a poco recuperaba las fuerzas. Cuando pudo, entró de nuevo en el río para regresar, a pie y a nado, al tronco de aliso. No parecía posible luchar contra la riada, pero ahora le había tomado la medida y conocía el lecho del río como conocía los senderos secos. Tratando de no ceder al pánico, aferrándose a las rocas, capuzando hasta el fondo en las partes más hondas, se quedó satisfecho de haber cubierto los embolsamientos y los puntos más agrestes y los bajos fondos desde el tronco de aliso hasta donde el cañón comenzaba a abrirse.

¿Pueden estar abajo del cañón, donde el riachuelo se ensancha, donde empiezan las casas de los saldu? ¿Tan lejos como en el Río Daha? ¿Era eso lo que mi Sueño me decía?

Volvía a lanzarse al agua. *¡Iré hasta el Daha! ¡Los seguiré!*

Regresó a la orilla y, con esfuerzo, salió del agua. *Su, su. ¡El Sol estaba alto cuando dejé a la Madre! ¡Lleva sola todo este tiempo, sin poder moverse! ¡Ahora el Sol está muy al oeste!*

Ishi se detuvo en el refugio de pescar para recoger una cesta vieja. Cruzó de nuevo el riachuelo a la orilla del Wowunupo, llenó la cesta de agua y fue trepando, a paso regular, hasta el Punto de Observación. Estaba molido de cuerpo y alma. La Madre le dio la bienvenida tranquila, sin hacer preguntas.

Ella no había estado inactiva. Había cogido todo lo que estaba a su alcance, había arrancado raíces de verduras viejas y duras y unos pocos bulbos tardíos, y había sacudido las semillas maduras de las hierbas cercanas. Dio a Ishi un puñado de semillas, diciéndole: «Cómelas, cómelas todas. Yo he estado todo el día picando».

Ishi le contó lo que ella sabía por su cara desde el momento en que lo vio: que no había encontrado al Tío Mayor ni a Tushi. Ambos dijeron para el otro que aquellos dos podían presentarse en el Punto de Observación al cabo de unos días; debido a la riada, habrían encontrado otro sitio donde instalarse. Ishi no dijo nada a la Madre sobre las cuentas del collar.

De nuevo la noche fue cálida y la Madre durmió o hizo como si durmiera. Ishi estuvo mirando la oscuridad del cañón, la oscuridad de sus pensamientos. Al día siguiente fue al Riachuelo de los Tejones. No había ningún saldu a la vista, pero sus hachas y palas estaban apoyadas contra la valla.

De nuevo fue al Riachuelo de Banya. Registró el riachuelo y ambas riberas desde Gahma, arriba del tronco de aliso, hasta el final del cañón. Fue a los lugares cercanos al arroyo donde él y Tushi habían ido juntos muchas, muchísimas veces; lugares donde Tushi sabría que él iría a buscarla. Dejó el riachuelo y fue a la cumbre del promontorio y avanzó por el promontorio. Tushi y el Tío Mayor no estaban en ninguno de esos sitios ni había rastro de ellos.

Ishi no llevó la cuenta de los días, de las noches ni de los cambios de la luna. Debía de haberse dormido, no recordaba cuándo ni dónde. De todas formas, bajó a la Madre por la empinada ladera del cañón, y cruzando por el tronco de aliso, al pequeño refugio de pescar. Allí había agua, y redes, hilo de pescar y anzuelos, y unos cuantos trozos descascarillados de cestas y esteras, uno o dos viejos rascadores y un cuchillo de obsidiana roto: todo lo que quedaba para volver a empezar.

Hubo comida mientras se mantuvo el tiempo: bayas maduras, nueces y pescado. El Riachuelo de Banya ya no iba crecido; Ishi cogía pequeños salmones y truchas con la red, o con hilo y anzuelo, o metiendo las manos en el agua con movimiento de pez. Los peces nadaban hacia ellas como si fueran sombras de otros peces.

Fabricó un taladro para hacer fuego con una plancha fuerte de cedro que encontró junto al arroyo, excavando un solo hueco y haciéndole surcos. Como taladro utilizaba un palito de zumaque. El agujero y el taladro no encajaban muy bien; le llevó mucho rato y esfuerzo conseguir una chispa. Al fin, el pedacito de cuerda de asclepias raída, colocado en el surco como yesca, se encendió, y con él dio fuego a un manojo de hierbas secas. Ishi sopló suavemente sobre el nuevo fuego, agregando pedacitos de madera hasta que tuvo una llama segura. La Madre cuidaba este Nuevo Fuego cuando Ishi se iba o dormía; no podía dejarse enfriar hasta que Ishi hubiera hecho un nuevo taladro, endurecido y reforzado con ayuda del propio fuego.

No tenían cestas de guisar. Cocinaron en la cesta del agua hasta que Ishi consiguió un poco de resina para impermeabilizar una cesta mayor. Cogía más peces de los que comían; levantó un bastidor y colgaban los peces sobrantes a secar en tiras. Los trozos estaban más bien desgajados que cortados, pues tenía que utilizar el cuchillo roto y romo.

Trajo algunas bellotas del almacén no saqueado del Riachuelo de los Tejones donde estaban trabajando él y Tushi cuando ella vio por primera vez a los saldu; y molió las bellotas entre piedras que utilizaba tal y como las encontraba en el riachuelo, sin darles forma. La Madre guisaba con lentitud la harina burda y mal machacada, convirtiéndola en unas gachas que podían comer.

Puso trampas y redes y guardó las plumas y las pieles de todos los pájaros y cuadrúpedos que atrapaba, incluso de los más pequeños. La Madre las unía unas a otras. No tenía aguja, pero Ishi les clavaba cordel de reparar agujeros con un trozo puntiagudo de hueso de asta, y ella las enlazaba con cordón de asclepias. Primero fue una gorguera; creció hasta cubrir los hombros de ella y, antes de que llegaran las lunas de la nieve, era una capa, la parte alta de plumas, los bajos de zorro y ardilla.

Ishi hizo esto y otras muchas cosas. La Madre seguía sin poder andar, pero hacía lo que podía, sin quejarse nunca. Ella e Ishi hablaban de la pesca, de los cuadrúpedos que estaban haciendo nidos y madrigueras de invierno junto al riachuelo, sobre las últimas bandadas de patos y gansos. Hablaban utilizando las viejas sentencias; y cuando acababan una comida, Ishi decía a la Madre, como acostumbraba a hacer el Tío Mayor: «La harina de bellotas está fresca y dulce en tu hoyo del fuego, Madre mía». Y la Madre contestaba: «Tengo un Hijo que caza para mí, un wanasi, un buen cazador».

Las cestas en que comían eran bastas y de hierba nueva, o bien eran las cestas viejas y descascarilladas encontradas en el refugio. La Madre servía las gachas con un palo que Ishi había tallado burdamente con ayuda del cuchillo roto y del fuego.

Todo este tiempo, Ishi no supo al final del día qué era lo que había hecho. Se movía como quien ha perdido el alma, que vaga por la noche para no volver hasta el regreso de la luz del día. El Espíritu de su padre o Jupka debían de estar dirigiendo sus manos y su entendimiento.

La Madre me mira atentamente cada vez que salgo y cada vez que vuelvo. Ella sólo piensa en los otros y desea hablar de ellos. También yo deseo hablar con ella. Pero no puedo hablar de ellos; no puedo soportar tener que hablarle de ellos. Ishi fue al fuego y se quemó el pelo un poco más cerca de la cabeza; y mezclando carbones con pez, renovó las pinturas mortuorias que le cruzaban el rostro. Sin embargo, la Madre no dijo nada y trató de ocultarle las lágrimas.

Todos los días cruzaba Ishi por el tronco de aliso y caminaba aguas abajo hasta el lugar donde había encontrado las cuentas. Allí las sacaba de la bolsa de piel de topo donde las guardaba y, sosteniéndolas apretadas en la mano, decía una plegaria y aventaba tabaco hacia arriba, hacia abajo, hacia el este, hacia el norte, hacia el oeste y hacia el sur. Entonces le parecía oír la voz de Tushi, desmayada pero familiar, repitiendo la llamada de ellos entre la maleza: ¡flika, flika! Y la llamada más profunda del Tío Mayor: ¡gagka, gagka!

Iba en dirección a estas voces, buscando huellas, buscando un matorral del que hubieran sido arrancadas las bayas. Registró los bosques, la maleza, detrás de cada peña, en todas las cuevas de punta a punta del cañón. Si veía un buharro en lo alto, encontraba la carroña alrededor de la cual trazaba sus círculos. Descubría las presas del león de montaña, del oso, incluso del zorro.

Las últimas lunas de la cosecha dieron paso a una luna lluviosa, que fue creciendo y luego envejeció. La primera de las lunas invernales trajo consigo una ligera precipitación de nieve. Ishi se quedó en casa en lugar de atravesar el riachuelo como de costumbre. Amontonó tierra contra el pequeño refugio para protegerlo de la nieve y del viento. Mientras él trabajaba, la Madre se sentaba cerca del fuego y tejía una estera. Cuando habló fue para preguntar: «¿No cruzas hoy el riachuelo, Hijo mío? Pronto se hará oscuro».

Ishi negó con la cabeza. «No es bueno. No puedo encontrarlos.»

La Madre hablaba muy flojo. «No están aquí, wanasi; los hubieras encontrado hace mucho tiempo.» Ishi se acercó a la Madre. Con los brazos de ella rodeándolo, lloraron juntos, y aquellas fueron unas buenas lágrimas que rompieron la pena solitaria, contenida, que había durado lunas. Y de esta forma volvieron a hablar del Tío Mayor y de Tushi, aunque nunca utilizaban sus nombres sino que los llamaban los Perdidos.

Dijo la Madre: «Puede que esté siendo trabajoso para los Perdidos emprender el sendero, pero el Viejo tiene mucha sabiduría y la Pequeña tenía el Sueño de la Concha Blanca. Algún día encontrarán el Sendero».

Hubo una gran nevada. La Madre miraba el mundo blanco. «Será más fácil para los Perdidos, ahora que ya no hay olor de flores que los atraiga hacia la maleza.» Todas las noches la Madre tiraba el agua de la cesta del agua. Ella e Ishi sabían muy bien que las flores y la cesta de agua tientan al Espíritu a demorarse, a oler y a probar, y de ese modo vuelve a perder su camino.

Fue un invierno de mucha nieve. Pero la nieve reposaba como una manta de piel de conejo sobre la tierra. El sol brillaba luminoso y no hacía mucho viento; Ishi mantenía el fuego encendido día y noche. La Madre estaba caliente y seca en el pequeño refugio cubierto de tierra.

Un día hablaban junto al fuego al tiempo que Ishi desollaba un conejo. La Madre dijo: «Vuelves a parecer un cazador».

«¡Su!» Él levantó el conejo. «Un wanasi de conejos, ¿eh?»

«No importan conejos o ciervos, eres como tu padre. Te pareces mucho a él... ¡Suwa! Ya no tengo miedo por ti, Hijo mío.»

Ishi sonrió a la Madre cuando ella dijo estas palabras. Había una gran ternura en sus ojos y en su voz suave.

Era por la mañana, cinco amaneceres después. Ishi se levantó temprano para echar troncos nuevos al fuego. No era completamente de día, pero el fuego se reflejaba contra un montón de nieve e iluminaba la cara de la Madre. Ella estaba dormida, con los pesados párpados cerrados y los labios curvados en una semisonrisa de arco Yahi. Estaba acurrucada como un niño, con una mano reposando en la mejilla. En las delgadas muñecas, Ishi vio el viejo brazalete gastado de hierbas aromáticas que por regla general ella guardaba en su fardo de los tesoros.

Era el sueño final de la Madre. Se había despedido del amado hijo, Tehna-Ishi, para irse con el padre.

Ishi llevó a la Madre a la Cueva de los Antepasados. Allí hizo para ella el fuego funerario purificador, tras lo cual la enterró con algunos de sus tesoros, su palo de cavar y una cesta de harina de bellotas. Ella estaba con sus Antepasados, con los Ancianos y con el Desasosegado, con Aquel cuyo brazalete de hierbas aromáticas llevaba puesto.

Cuando todo esto estuvo hecho y la lápida de piedra hubo vuelto a su lugar en la cueva, Ishi regresó al refugio de pesca. Toda fuerza y toda intención lo abandonaron y siguió un tiempo sin memoria, de vaciedad. No le quedó recuerdo de nada de lo ocurrido durante el resto del invierno. Hasta que se iniciaron los días cálidos del Año Nuevo su alma no volvió al cuerpo y entonces fue capaz de levantarse para encender un fuego y tomar un baño de sudor.

Se zambulló en el Riachuelo de Banya precisamente antes de que llegaran dos saldu por la orilla del río. Metiendo la cabeza bajo el agua, nadó silenciosamente corriente abajo hasta que estuvo lejos de ellos.

Así nadaba yo en mi Sueño; así podría seguir nadando, llegando al final del Océano Exterior. El Viejo Salmón podría decirme si los Perdidos fueron también al Océano Exterior.

Ishi nadó y nadó; el riachuelo empezaba a ensancharse y la corriente disminuía; casi había salido del cañón. Luego estuvo seguro de oír a la Pequeña llamándolo desde una gran distancia, desde muy arriba del cañón, hacia el monte Waganupa. Se dio la vuelta y nadó contracorriente. Los saldu habían desaparecido. Cansado, salió del agua y se fue al refugio de pescar.

¡Ahh! ¡Mientras mi alma vagabundeaba, los Perdidos me llamaban. Iré a Waganupa y encontraré allí una casa de pedernal. Pronto aprenderé a utilizar el polvo de pedernal como capa, pues no tengo otra; y el humo del tabaco sagrado habrá de servirme de comida.

Llevó consigo el cuchillo roto, una especie de arco de niño que se había fabricado mientras la Madre estaba con él en el refugio, varias redes de pescar y trampas, dos cestas viejas, su taladro para el fuego, la bolsa y el fardo de los tesoros, y lentamente, deteniéndose a descansar muchas veces, fue hacia la Pradera Alta. Allí, anduvo de un lado a otro por la pradera, recorriéndola muchas veces, creyendo oír las voces de los Perdidos, siempre desde un lugar distinto de aquel en que estaba.

Viviendo de esta forma, una enfermedad penetró en su cuerpo. No podía comer y estaba muy débil. Le parecía oír al Viejo Perdido diciéndole: «Recuerda, el Puercoespín es amigo de todos los Yahi. Sólo si un Yahi está hambriento y ha perdido el arco y las flechas y el arpón y está demasiado débil para cazar y pescar, sólo entonces puede matar y comer Puercoespín. Esta es la regla, porque es muy fácil de cazar». Entonces Ishi mató y comió puercoespín. La enfermedad abandonó su cuerpo; la cabeza se le despejó; de nuevo, podía caminar y colocar trampas y pescar.

Abandonó la pradera y se fue hacia la montaña, buscando una casa de pedernal donde vivir. En la ladera del Waganupa encontró una cueva oscura, pero cálida y seca.

Me parece que esta es la cueva que el Desasosegado iba buscando. Una vez el Abuelo dijo: «El Waganupa es distinto de los demás montes, al estar caliente por dentro. Eso se debe a que cuando el Pueblo fue creado por primera vez, dos Héroes se fueron a vivir dentro de la montaña». A esos dos no les importará que yo vaya a vivir cerca de ellos una pequeña temporada.

Hizo un nuevo fuego dentro de la cueva y salió en busca de piedras para bloquear la entrada, pero ya se acercaba una osa parda. Él le dio un grito y, sin mirar ni pensar en lo que hacía, cogió una rama ardiendo del fuego. La osa se irguió sobre las patas traseras y le lanzó un zarpazo, desgarrándole la carne del brazo y del hombro. Al mismo tiempo, él impelió la rama ardiente dentro de la boca abierta de la osa. La osa la mordió; luego, con un rugido de dolor y terror, se alejó.

Como pudo, cuando la osa se hubo ido, Ishi recogió hierbas de la montaña junto a un arroyo que pasaba más abajo de la cueva y se puso un emplasto en el brazo y el hombro, y un cabestrillo. Incluso arrastró rocas a la entrada de la cueva. Perdió mucha sangre por la herida que le había hecho la osa, lo que se sumó a su debilidad. De la llegada de las nieves no le quedó recuerdo. Encerrado en su casa de pedernal, siguió para Ishi otra época sin memoria, de vaciedad.

Estaba dormido; luego, de pronto despertó y estaba de pie. Oía fuera, con toda claridad, a la Pequeña llamando flika flika, y oía al Anciano Perdido llamando gagka gagka. Estaban cerca, las voces eran fuertes, no desmayadas ni lejanas.

A toda prisa, Ishi apartó una de las rocas y se lanzó desnudo a la noche helada. El mundo era blanco, como cuando estaba con la Madre en el refugio de pescar. Las ramas de los pinos estaban pesadas de nieve y carámbanos colgantes. La noche era brillante y las Cinco Hermanas bailaban sobre su cabeza.

Ishi respondió a las llamadas. Al no oír nada más, corrió subiendo y subiendo por la montaña, llamando, llamando, gritando, rogando. Corrió hasta el amanecer, pero sólo oyó el quejido del viento sobre los campos helados y sólo veía a las Hermanas Danzantes en el cielo del pleno invierno.

Al amanecer regresó a la cueva. De la boca de la cueva colgaba una franja de carámbanos de hielo puntiagudos y brillantes. *¡Es el Sueño Blanco de la Pequeña! ¡Los Perdidos están a salvo! Eso es lo que trataban de decirme.*

Aterido de frío y cansancio, sollozando por la sorpresa de la breve proximidad de los Espíritus de los dos Perdidos, se tambaleó sobre la nieve, pero se recuperó y se arrastró bajo la fila de carámbanos protectores, para no importunarlos: para él eran sagrados, eran los Carámbanos de la Mujer de la Concha Blanca.

Dentro de la cueva, arrastró la piedra a su sitio y cayó, inconsciente, en el suelo de ramitas del fondo de la cueva.

Los desapacibles vientos de la primavera barrieron la montaña; las lluvias cálidas derritieron la nieve que corría en riadas por prados y riachuelos. La radiación del emplumado peinado del Sol llenaba el cielo y calentaba la tierra.

Desde la boca de la cueva, Ishi escudriñó la empinada ladera del Waganupa. Mientras trataba de masticar un trozo de carne seca rancia, le llegó, traído por una brisa cálida procedente de las faldas bajas de la montaña, el dulce olor del trébol nuevo.

Echó a un lado una de las rocas que bloqueaban la entrada de la cueva y se arrastró al exterior. La luz lo cegó. Se sentó, protegiéndose los ojos con la mano. *¡Su, su! El viejo mundo se está renovando otra vez!*

Los ojos se fueron habituando a la luz y el Sol lo calentó. Se frotó los codos y las rodillas, doblándolos y estirándolos. *¡Hojas de laurel y agua caliente y una buena sesión de sudor es lo que necesitas! Estás rígido como un viejo tetna al final de su sueño invernal... ¿Cuántas lunas has estado en esta oscuridad?* Ishi se restregó los ojos con las manos.

De un bosquecillo de pinos situado debajo de la cueva salió una osa parda con su osezno, pasando cerca de Ishi pero no prestándole ninguna atención. Al verla, los hombros de Ishi se dolieron del viejo dolor; creyó haber visto una cicatriz en los labios de aquella osa.

¡Su! ¿Fuiste tú quien trató de arrancarme el brazo? ¿Somos amigos ahora? No siempre ha sido así. Tú también querías una casa de pedernal. ¿Por qué, me pregunto, no te dejé tener esta? ¿Qué hago yo aquí? ¿Y qué es esta carne seca que mastico?

Ishi se levantó y entró en la cueva, mirando su interior como si nunca lo hubiera visto antes de esta mañana.

No es carne seca de ciervo: ¿qué es lo que como? ¿Y qué es lo que hago con este arco de ardilla? Tiró el arco a un lado y recogió el cuchillo roto. En el suelo había cáscaras de bellotas y piñas vacías. Las barrió al exterior. En la cueva no quedaba comida.

Se tendió en el lecho de ramitas. *¡Su! ¿Aquí es donde he dormido? ¿Por qué?... ¿Por qué no me he dormido como se durmió mi Madre, sin des-*

pertar?... Las voces de los Perdidos han sido lo que me ha aferrado a la vida. Pero ahora no oigo esas voces. Mientras estaba tendido mirando el techo de la cueva, le volvió un recuerdo de la noche de mitad del invierno y del Sueño Blanco. Se irguió; trató de levantarse, olvidando que la cueva era demasiado baja.

¡No es de extrañar que ande como un tetna! ¡Ya no habrá más de este dormir en la oscuridad, de este estar semierguido como un cuadrúpedo sobre sus cuartos traseros! Ishi apartó las rocas de la entrada de la cueva y volcó piedras y tierra sobre el hoyo del fuego. *La Osa Madre verá que la cueva está vacía, ella y su osezno. En este lugar no se volverá a hacer Nuevo Fuego.*

Fue al riachuelo, donde se lavó y bebió el agua dulce de la nieve derretida del Waganupa. Más abajo que él, en el río, la Osa Madre reclamaba a su hijo fuera del agua y partía con él de regreso, colina arriba. *Ve en paz, tetna. Nosotros nos hemos entendido mutuamente bastante bien.*

Ishi sabía que debía comer pronto; estaba aturdido de hambre y las articulaciones le molestaban mientras andaba dolorosamente bajando la escarpada ladera de la montaña. *Debo encontrar un poco de fuerza, lo bastante para que me lleve por el Mundo de los Yahi. Debo asegurarme de que los Espíritus de los Perdidos ya no me llaman, ya no me necesitan.*

Pasó la primera noche fuera de la cueva al borde de la Pradera Alta. Allí comió tréboles nuevos y dulces bulbos jóvenes. Su sueño no contuvo pesadillas y despertó menos rígido y menos derrengado. Se acordó de cuando había estado allí hacía algunas lunas, cómo le parecía que los desaparecidos estaban en todas partes excepto donde él podía alcanzarlos. Ahora la pradera no tenía la presencia de ningún Espíritu. El amarillo de las flamenquillas de los pantanos era como un segundo sol; Ishi se sorprendió a sí mismo riendo como cuando él y la Pequeña acostumbraban a reír, caminando sobre las flamenquillas, con los pies desnudos hundiéndose profundamente en el fango negro y frío de la pradera palustre.

Las flamenquillas le hicieron pensar en el Prado Redondo. *Iré al Cañón del Yuna, a los lugares donde íbamos la Pequeña y yo cuando éramos niños. Si no he entendido el Sueño Blanco, allí podría encontrar algún rastro de los Perdidos.*

Ishi fue a Tres Lomas, a la Roca Negra, a Tuliyani, al Prado Redondo e incluso al pantano de los castores. Los castores estaban en su faena; las crías de los ciervos y los conejos, de las codornices y de los zorros jugaban en el prado.

Cuando salimos de este cañón, el hermano de mi padre rogó que los rastros del Pueblo quedaran bajo la tierra y que los pies de los saldu quedaran cogidos en la maleza alta... Y ahora yo veo que estas cosas están comenzando a suceder; los rastros del Pueblo casi han desaparecido; el Mundo se está volviendo como era en el principio; y los saldu están aquí incómodos, viven como extranjeros. Pronto el cañón los habrá olvidado.

Los días primaverales se hicieron más largos y más cálidos. Las luces calurosas estaban sobre la tierra y el verano llegó pronto, caliente y seco. Las fuerzas que Ishi había sacado de los renovadores días del trébol verde y del salmón se desvanecieron conforme los verdes de las hierbas se hicieron amarillos y ocres quemados bajo el calor del peinado de plumas del Sol en un cielo sin nubes.

Moviéndose siempre, sin descanso, en guardia para no ser sorprendido por los saldu, Ishi había estado en todos los antiguos lugares del Cañón de Yuna antes de la mitad del verano. Palpitante, hambriento y débil, fue a los pinos situados por encima de Tres Lomas donde hacía un poco más de fresco. Allí vivió como pudo, hasta que las lunas calientes decayeron.

Entonces atravesó el promontorio del Cañón de Banya, tomando el viejo camino familiar, cañón abajo, de la Cueva de los Antepasados, donde quemó tabaco y resina de pino, rezando mientras el humo fragante llenaba la cueva.

Aquí no queda ninguna Presencia de Espíritus. Soy el último del Pueblo; cuando yo haya desaparecido, será como si nunca hubiéramos existido.

Abandonó la Cueva de los Antepasados y fue bajando al cañón, hasta el aliso que lo atravesaba. Encontró el refugio de pescar erosionado por el tiempo pero intacto. Allí hizo un fuego, tomó un baño de sudor y se metió en el Riachuelo de Banya. El agua le sentó bien, pero nadar lo dejó sin respiración, boqueante. Escasamente era capaz de montarse en la roca plana donde había estado pescando la tarde que aparecieron los dos saldu en el arenal.

Se tendió bocabajo, con las manos colgando muertas en el agua. Cuando abrió los ojos vio su reflejo en la tranquila piscina. *Mis ojos son como los del Tío Mayor cuando eran las últimas lunas de su vida, profundamente hundidos en sus cuencas y mirando hacia dentro, no los ojos de un cazador.*

Vio una cara más delgada y más arrugada que la del Tío Mayor, con el pelo feo y cerdoso, pues llevaba el pelo quemado hasta cerca del cráneo en duelo por la Madre y los Perdidos.

Descansó hasta que tuvo más fuerzas, luego nadó de vuelta contracorriente hasta Gahma. La luna de tierra y el agua oscura con reflejos eran igual que el día que Jupka entregó el mundo al Pueblo Yahi. Pero las casas se habían caído, los cuadrúpedos habían cavado y habían echado raíces allí, y los saldu habían ensuciado Gahma con botellas rotas y latas de zinc.

Ishi anduvo de nuevo bajo las ramas colgantes, corriente abajo, hasta el lugar de la ribera donde había encontrado las cuentas del collar de la Pequeña. Tal como esperaba, este lugar también carecía de ruidos y de significación, y dio la vuelta alejándose del Riachuelo de Banya. Despacio, subió por la empinada pared del cañón, deteniéndose para recuperar la respiración debajo del pino donde había disparado contra el sombrero del saldu. Avanzando de nuevo, empujándose de un matorral a otro, a gatas, alcanzó el saliente plano y estuvo en Wowunupo.

Los bastidores de secar estaban derribados, el tejado del almacén había desaparecido, el depósito estaba lleno de hojas, las paredes desmoronadas. Los zamaluques comenzaban a crecer en el claro alrededor del pino gris. Ningún cuadrúpedo se había instalado allí, ninguno mayor que ratones y ardillas. Tampoco había estado allí ningún saldu.

Unas cuantas lunas más de lluvia y viento y habrá desaparecido lo que hicimos aquí. De nuevo quedará la cueva vacía, Wowunupo-mu-tetna, el Escondite del Oso Pardo.

Ishi sintió algo agudo contra el pie. Se agachó y recogió un fragmento roto de una punta de flecha. *Lo hice con un material blanco y duro que el Desasosegado y yo encontramos en la montaña.* Dejó que la punta de flecha rota volviera a caer en el suelo de la cueva, donde encontró también un trozo de uno de los sombreros de cesta de su madre. Al verlo le dolió el corazón. Se lo echó al cinto.

Tendida en la estantería más baja de la cueva y roja de robín estaba la pequeña navaja que el saldu había puesto allí y, al lado, el saco podrido de tabaco saldu. Como en la ocasión anterior, Ishi no los tocó. Estaba cansado, pero siguió caminando despacio, trepando hasta el Punto de Observación. Los únicos ruidos eran la llamada quejosa y baja de una paloma desde algún lugar del cañón y el susurro veraniego de las hojas. Recogiendo un puñado de hojas de laurel, las aplastó entre las manos y aspiró hondo su olor fresco y picante.

Un pequeño lagarto kaltsuna se le unió en el Punto de Observación, latiendo arriba y abajo sobre sus cortas patas delanteras, con el pecho resoplante. Ishi dio unos golpecitos al lagarto con la yema de un dedo y lo tranquilizó. Se rio. «Así que», dijo, «estás aquí, Hermanito. Tú siempre estarás aquí, yo creo».

Ishi se tumbó de espaldas mirando el curvado Mundo Celeste. Una mariposa jupka se posó un momento en su mano. Observó el lento abaniqueo de las delicadas alas. «¿Tú también estás aquí, oh el Grande?» Levantó la mano hasta poder ver los extraños ojos de la mariposa. «El Pueblo que tú creaste ya no existe. Sólo permanece la tierra, y tú, y Kaltsuna, aquí a mi lado. Tal vez sabes todo esto. Tal vez da lo mismo que no lo sepas.»

Ishi estuvo tendido al sol caliente, con los ojos cerrados. *El Sueño Blanco decía la verdad. Se ha terminado la larga búsqueda de los Perdidos. Ellos han encontrado el Sendero en medio del hielo y están en la Tierra de los Muertos. No hay nada que esperar en esta tierra vacía, nada: soy libre de irme. Me iré con la Pequeña y el otro Perdido; con el Desasosegado; al hoyo del fuego de mis Antepasados. Y allí encontraré a mi madre y a mi padre.*

Ishi se fue del Punto de Observación y regresó al saliente de Wowunupo, donde había estado su habitual lugar de trabajo. Torció, bajando el cañón, hacia el oeste. Detrás del saliente, el sendero era muy tenue, pero él sabía que este sendero se unía a otro, más ancho y más llano, un poco más abajo: el Sendero de la Tierra de los Muertos.

No está lejos. Cada paso me acerca. ¡Suwa! ¡aiku tsub!

4
Hacia el borde del mundo

La oscuridad sorprendió a Ishi; noches sin luna. Ya no podía ver por dónde andaba, dónde se sostenía. Esperaba haber llegado al sendero ancho mucho antes.

No importa. El viaje ha comenzado. Pronto encontraré el sendero; no puede estar muy lejos.

Débil de hambre y con los huesos y el corazón cansados, se tendió y se durmió. Su sueño fue poco reparador. En las pesadillas continuaba su viaje, que lo conducía a una tierra salvaje y extraña. Las piedras sueltas rodaban bajo sus pies, haciéndolo tropezar. Lo peor de todo, unos demonios alados le picaban en la cara, lo empujaban por los brazos y trataban de echarlo fuera del sendero. Sus alaridos lo despertaron cuando comenzaba a amanecer.

Miró a su alrededor, una ojeada rápida antes de que los demonios volvieran a echársele encima. No había rastro del sendero que iba buscando; las colinas, oscuras contra el sol naciente, no eran las colinas que él conocía. Estaba tendido en la tierra, encogido contra la valla de un corral; un amargo olor a carnicería le llenaba las narices, y olía a saldu y a perros de los saldu.

Colgando de la valla había pieles de bovino y, al otro lado del corral, un matadero saldu. Ladrándole, lloriqueándole y amenazándolo, lo rodeaba un anillo de perros. Más allá de los perros había cinco o seis saldu, que también lo amenazaban con sus palos de fuego. Ishi no se movió.

¿Por qué no hacen explotar esos demonios sus palos de fuego? Yo ni siquiera tengo el arco de caza de mi padre.

Pero los saldu espantaron los perros a palos. Teniendo cuidado de no acercarse demasiado a Ishi, mantuvieron los palos de fuego apuntándolo.

¿A qué esperan? ¿Querrán colgarme? ¡Que lo hagan! ¡Que me arranquen la cabellera... ¡Su, su! Tienen miedo. ¿Qué pueden temer del último de los Yahi? No tiene cuchillo ni arco; está ya medio muerto. Pronto se acabará, su miedo y el mío.

Ishi cerró los ojos, abriéndolos sólo cuando hubo pasado algún tiempo y se acercaba un carromato que traía más saldu. Uno de los recién llegados era un Jefe; los otros lo llamaban «Sheriff». El sheriff caminó derecho hacia Ishi, le habló con voz tranquila, lo ayudó a levantarse del suelo, atándole las muñecas con unos anillos de un material duro. Luego cogió un delantal que había usado alguien para hacer de carnicero –estaba sucio y manchado de sangre– y lo echó sobre los hombros de Ishi.

El sheriff señaló con la cabeza hacia el carromato. Entre el miedo, la debilidad y el olor de la sangre rancia y de los saldu, Ishi se iba despejando. Se bamboleaba, pero el sheriff lo sujetó, agarrándolo del brazo y ayudándolo a subir a la alta carreta, a su lado. El carromato trepidó al echar a andar los caballos, e Ishi estuvo a punto de caer. El sheriff detuvo los caballos el tiempo suficiente para librarle las muñecas, de modo que pudiera agarrarse. Los otros, en el asiento de atrás, refunfuñaron cuando lo hizo, pero él les habló tajante y no dijeron nada más.

Ishi había visto carros tirados por caballos, pero era la primera vez que subía en uno. Carretera adelante, vio un gran árbol y, más allá del árbol, las casas del extremo de un poblado saldu. El sheriff puso los caballos al paso.

Ahora llegamos al árbol de ahorcar, que es una encina.

Pero el sheriff no se detuvo bajo el árbol; siguió hacia dentro del poblado y por su calle principal adelante. Iba despacio porque la gente salía de sus casas y se arremolinaba alrededor de la carreta, hablando y mirando. El sheriff tuvo que ordcnarles que se alejaran de las ruedas para poder avanzar.

Mi tío me dijo que así es como los saldu se comportan en los ahorcamientos. Se apiñan todos, mujeres, niños y Ancianos, como en una Fiesta o Danza Circular.

Se detuvieron delante de una casa grande, la casa del sheriff. El sheriff indicó a Ishi que fuera con él a la casa. En el interior, lo llevó a una pequeña habitación sin ventanas y separada de otra mayor por barrotes.

La habitación exterior se llenó inmediatamente de la multitud que habia seguido el carromato. Los hombres se inclinaban hacia los barrotes, mirando fijamente a Ishi y diciéndole palabras que él no comprendía. Cuando contestó «Nize ah Yahi» –Soy del Pueblo, un Yahi–, se rieron. El ayudante del sheriff trajo una bandeja en la que había una taza de café, un cuenco de sopa y pan. La ofreció a Ishi, quien denegó con la cabeza.

Probablemente la comida y la bebida estén envenenadas. De todas formas, no comeré mientras estos saldu sin modales, esos demonios ruidosos, me estén mirando.

Ishi se alejó de los barrotes todo lo que pudo. Se sentó en el suelo de piedra, reclinando la cabeza contra la pared y cerrando los ojos, y el entendimiento, a los saldu que no le quitaban la vista de encima. Trataba de acordarse de las noches anteriores.

¿Qué Mechi-Kuwi, Doctor del Diablo, ha guiado mis pies a esta tierra? ¿He caminado mientras dormía? ¿Dónde estoy ahora? ¿Cómo encontrará mi Espíritu la forma de volver al Sendero cuando ellos hayan acabado conmigo aquí?

Atravesando la pared, llegó hasta los oídos de Ishi una débil y sofocada llamada conocida: ¡Pii-PIIII-pi! La llamada se repitió más clara y más cerca. Con un ruido de piedras cayendo, el Monstruo pasó muy cerca de la casa del sheriff. La casa tembló y reposó luego; el Monstruo desaceleró y se detuvo. Ishi pudo escuchar su respiración profunda y palpitante. Después de algunos momentos, su respiración se hizo más pesada y se alejó, desapareciendo el ruido.

Ishi se agitó. Estaba sorprendido de ver que la casa se mantenía en pie, de que todo seguía como antes. *¡Su, su! ¡Estoy metido en el Sueño! ¿Serían Kaltsuna y Jupka quienes me condujeron, dormido, fuera del Sendero? ¿Tratan de decirme que atraviese el Gran Valle hasta el Río Daha y que lo siga hasta el Océano Exterior?*

En la habitación se amontonaban más saldu, ponían las caras contra los barrotes y trataban de hacer hablar a Ishi. Reían y escupían jugo de tabaco. El aire era espeso y asqueroso. Después de algunas horas, el sheriff se acercó con más comida, pero Ishi negó con la cabeza.

¿Querrá decir que debo comer? No importa; no puedo.

Algunos rieron cuando Ishi se alejó de la comida que le ofrecían. El sheriff dijo algunas palabras; no elevó la voz, pero la habitación quedó en silencio. Señaló hacia el exterior. Al principio no se movió nadie; habló de nuevo; la multitud comenzó a desplazarse arrastradamente hacia la entrada. Hubo unos pocos comentarios sofocados. Esta vez, al hablar el sheriff, su mano se movió hacia el palo de fuego que llevaba al cinto. Hubo un tropel de ciervos huyendo, luego la habitación se quedó vacía a excepción del sheriff, su ayudante e Ishi.

El sheriff se volvió hacia Ishi y dijo algo de lo que Ishi entendió el significado, si bien no las palabras. «¿Es mejor así?»

Sus ojos eran amables cuando hablaba. Ishi respondió: «¡Aiku tsub!». Y se acordó de las palabras de su tío, dichas hacía mucho tiempo en el watgurwa de Tuliyani: «No todos los saldu son malos. Recuérdalos en las lunas por venir, cuando yo no esté contigo».

El sheriff dio un cigarro a Ishi y, sacando otro para él, encendió los dos cigarros con un palito de encendido rápido. Cuando Ishi hubo tomado unas cuantas caladas de su cigarro, el sheriff sonrió y, lentamente, Ishi le devolvió la sonrisa.

El ayudante salió, y luego regresó con una camisa y unos pantalones de saldu limpios. Indicó a Ishi que se pusiera las prendas. Ishi le dijo por señas que deseaba lavarse, y el ayudante dispuso un balde de agua y una toalla en la habitación, al mismo tiempo que retiraba el delantal sucio que llevaba Ishi. Ishi se lavó tan bien como pudo. *Esto es como el Abuelo y la Abuela con su cesta de agua en Wowunupo.*

Cuando estuvo limpio y se hubo deshecho de lo peor del olor del matadero, se puso las toscas ropas de los saldu. *Esta materia es la misma de que están hechos el techo y las paredes de las carretas. ¡Su! De todas formas está limpia. Y el Jefe parece complacido de que me las haya puesto.*

Una vez más, el sheriff ofreció a Ishi algo de comer. *Este hombre no tiene ojos de envenenar. Es amable y rehusar sería una grosería.*

Ishi comió unos cuantos bocados de la extraña comida y bebió un poco de agua. De nuevo rio el sheriff y dijo algunas palabras simpáticas. Ishi sonrió también: «¡Aiku tsub!»

El sheriff dejó entrar a unas cuantas personas. Éstas intentaron hablar con Ishi y él trató de responder, pero no se entendían. *No saben nada de la lengua del Pueblo. No importa, salvo porque el Jefe está disgustado.*

Luego volvió el Monstruo. *¡Nunca había habido tanto ruido! Es como cuando el Waganupa tiembla y ruedan las peñas por el cañón. También es* *como la llegada de un amigo ruidoso. ¡Me gustaría poder ver al Extremecedor de la Tierra! Este watgurwa ni siquiera tiene agujero para el humo.*

Antes de irse por la noche, el sheriff le trajo una taza de café, que Ishi bebió. Luego le señaló la armadura de madera de pino con tela de carreta extendida encima situada en un extremo de la habitación. Ishi se tendió en la extraña cama.

Estaba cansado, cansado. Escuchaba los ruidos de los saldu en la oscuridad; las pisadas de los pies con botas; la explosión de un palo de fuego. Los ruidos de los saldu disminuyeron de número y se desvanecieron; sólo quedaron los ruidos familiares de la noche: un ratón royendo la pared; grillos cantando en un árbol y el lejano alarido de un búho.

Así terminó el primer día de Ishi en el Mundo de los Saldu. Cuando el sheriff echó una ojeada para decirle buenas noches, los ojos de Ishi estaban cerrados y él no los abrió. Se estaba deslizando hacia el sueño; no deseaba espabilarse.

Quizás mi Sueño me conduzca de nuevo al Sendero perdido.

Pero su sueño no condujo a Ishi al Sendero. A la mañana siguiente se despertó en la habitación con barras y lo que le despertó fue la voz del Monstruo.

Más entrada la mañana, se presentó un extraño en la casa del sheriff. Ishi lo observó con atención; era distinto de todos los saldu que había visto.

El Jefe parece contento de verlo. Se agarran por las manos derechas. Así es como los saldu se dan la bienvenida. Este viene de lejos: lleva un fardo de viaje. Sus ropas no son rígidas; siguen la línea del cuerpo. Lleva pelo en la cara, pero parece estar recortado con un cuchillo afilado u otro instrumento. No escupe jugo de tabaco... Tiene los ojos distintos, sin la mirada de coyote de quienes miran fijamente entre los barrotes. No lleva cuchillo ni palo de fuego en el cinto. Él y el Jefe hablan juntos; hablan de mí. Ahora el Jefe lo trae hacia mí. ¡Su! Yo haré el agarrón de manos, puesto que es lo que se espera.

¡No! Ve que no quiero hacer el agarrón de manos. Se sienta a mi lado. Sonríe bien; no tiene el fuerte olor de los saldu. Coge su bolsa y saca unos trozos de corteza de árbol blanca con señales azules, como huellas de pajaritos en el polvo... Ahora mira las marcas de cerca y me dice algo...

¿Qué debo responder?

Vuelve a mirar las huellas de los pájaros y dice algo más. Los sonidos me recuerdan las canciones que el Abuelo aprendió de las gentes que vivían en la ladera más lejana del Waganupa antes de que llegaran los saldu. Ahora habla como el Perdido me dijo una vez que hablaba el Pueblo del norte del Riachuelo de Yuna.

¡Aii! ¿Qué dice el saldu? ¿Siwini?

Ishi habló por primera vez desde que el Extraño entró en la habitación. Repitió la palabra, siwini, y palmeó la armadura de la cama.

El Extraño asintió, sí. «Siwini, pino.»

El Extraño dijo: «Auna, fuego».

Ishi repitió: «Auna», e hizo como si prendiera un palito de encendido rápido.

El Extraño rio y asintió, sí de nuevo. Ishi estudió los trozos de corteza de árbol blanca. *No entiendo nada de la magia saldu, pero es poderosa. Estas huellas de pájaros hacen que el Extraño hable en la Lengua del Pueblo. ¿Quizá sea un truco? Tal vez estoy dawana y sueño y oigo la Lengua de nuevo después de muchas lunas de silencio. Trataré de hablarle.*

Ishi dijo: «¿Moocha?».

El Extraño miró la hilera de huellas de pájaros, luego repitió: «Moocha», y sacando una bolsa, la abrió. «¿Moocha? ¿Tabaco?» Ishi asintió.

El Extraño dijo: «Hildaga».

Ishi señaló al Mundo Celeste, abriendo los dedos para indicar muchas hildaga, muchas estrellas.

Ishi dijo: «¿Wakara?»

El Extraño señaló hacia arriba e hizo un cuenco con las manos. «Wakara, luna.»

Luego dijo: «Daana». Ishi se cogió los brazos como si acunara a un niño, un daana.

Ishi dijo: «Wowi». El Extraño señaló alrededor de la pequeña habitación. «Wowi, hogar.»

Ishi se encogió de hombros y ambos sonrieron cuando dijo: «Wowi». *¿Este lugar sin agujero del humo es mi hogar?… ¡Ayii! No importa; el Extraño y yo nos decimos palabras el uno al otro.*

Al cabo de un rato, las palabras sueltas crecieron hasta ser breves preguntas y respuestas. *¡Hablamos la Lengua! ¡Ni siquiera mi Sueño reve-*

laba semejante magia! ¡Conforme hablo otra vez me vuelven las fuerzas! Hay muchas palabras no pronunciadas que me han oprimido desde la mañana en que se perdieron de vista por el sendero del tetna los Perdidos; desde que mi madre se fue dormida durante la noche blanca.

Ahora las palabras no dichas brotaban a más velocidad de la que el Extraño era capaz de marcarlas o buscarlas en sus listas: palabras de soledad, de búsqueda, de hambre, de vivir solo en una cueva. *El Extraño escucha. A veces sabe las palabras; a veces entiende por las señas y por lo que le dice mi voz por encima de las palabras. Y puesto que entiende no puedo dejar de hablar... Pero ahora, después de tanto hablar, estoy muy cansado.*

Ishi se tendió en la cama, incapaz de decir nada más. El Extraño lo dejó durante un rato, haciéndole comprender que volvería cuando el Sol estuviera vertical arriba del Mundo Celeste.

Ishi medio durmió, medio soñó; la palabra siwini, siwini, siwini, zigzagueaba por su sueño.

El Extraño regresó como había dicho que haría. Ahora hablaron juntos despacio, tranquilos. Al final del día habían intercambiado muchas palabras; estaban comenzando a hablar como dos amigos que hablan juntos.

Ya no pienso en palos de fuego, árboles de ahorcar y alimentos en que se ha puesto veneno. Espero para hablar la Lengua, para oír a este Extraño hablarla.

Aquella noche el sueño de Ishi no tuvo pesadillas. Despertó al primer ¡Pii! lejano del Monstruo. Aquella mañana las gachas y la bebida zangosa, el café, le supieron bien.

Con ayuda del Extraño, el sheriff habló con Ishi. Le preguntó si deseaba volver al Mundo de los Yahi. Y dijo que lo ayudaría a encontrarlo si deseaba ir allí. Ishi negó con la cabeza.

Para el Extraño dijo: «El amable Jefe saldu no sabe que el Mundo ya no existe».

Luego, el sheriff preguntó si le gustaría ir a la Reserva. Allí habría algunas personas del Pueblo que solían vivir en el Valle.

De nuevo Ishi negó con la cabeza. Para el Extraño dijo: «Se refiere a los Gordos, de poca memoria y vientres llenos, los Olvidados del Camino».

El Extraño dijo: «Ven conmigo a mi casa. Es un watgurwa-museo. Creo que te gustará estar allí».

«¿Está muy lejos?»

«Haxa, sí. Está donde el Río Daha y otros ríos desembocan en el Océano Exterior.»

¡Aii-ya! Esto es el Sueño. ¿Es seguro que el Extraño no habla del Borde del Mundo? «Al watgurwa-museo se llega en carreta?»

«No, en tren.» El Extraño imitó el sofocado Pii-PIIII-pi del Monstruo.

«¿El tren... arrastra la carreta?»

La voz de Ishi sonó tan incrédula que el Extraño preguntó: «¿Tú has visto el tren?»

«Muchas veces. Pero desde muy lejos, desde el Punto de Observación y desde la Roca Negra. Incluso desde el Waganupa. Lo conozco desde que comencé a andar solo por los senderos... Forma parte de mis sueños; es mi amigo.»

«Yo también quiero formar parte de tus sueños; ser tu amigo. ¿Vendrás conmigo en el tren?»

Ishi tocó ligeramente el hombro del Extraño. «Tú hablas la Lengua del Pueblo; tú eres mi amigo, Majapa, Majapa del museo. Yo iré contigo a tu watgurwa.»

Al día siguiente, Ishi estaba despierto antes del alba. El sheriff lo ayudó a vestirse: ropa interior, camisa, traje, corbata, calcetines, zapatos. Ishi se miró a sí mismo cuando estuvo vestido. «Tok. Tok. ¡Un Yahi saldu!» Anduvo de un lado a otro de la habitación varias veces. Luego se sentó y se quitó los zapatos y los calcetines y los devolvió al sheriff.

En aquel mismo momento llegó el Majapa, e Ishi le dijo: «Ahora lo sé: no hay nada que esté mal en los pies de los saldu. Lo que está mal es lo que vosotros llamáis zapatos». Miró los zapatos del Majapa: «¿Cómo sabes por dónde andas cuando tus pies no tocan la tierra?».

«La mayor parte de las veces no sabemos por dónde andamos.»

«Creo que me estoy volviendo saldu. La noche que vine aquí, mis pies no sabían por dónde andaban.»

El Majapa se rio. «No temas, no te convertirás en saldu. Pero doy gracias a tus pies por haberte traído donde pudiera encontrarte... ¿Sabes?, yo te estaba buscando antes; pero, para contarte eso, primero debo aprender a decir más palabras en Yahi.»

Es muy extraño este nuevo Amigo. ¿Qué querrá decir? Es como los Sueños de Poder, que no se pueden conocer o entender en el primer momento.

Ishi, el sheriff y el Majapa anduvieron hasta la estación del ferrocarril. Y allí, junto a la estación, estaba el Monstruo resoplando. Era más grande, más negro y más fuerte de lo que Ishi hubiera imaginado que nada podría ser. Después de un momento dubitativo, se adelantó hacia él, arrastrado por su antiguo y amigable sentimiento. Midió su propia estatura contra las grandes ruedas negras. Miró la cabeza humeante. Dijo al Majapa: «Realmente es el Humeante. Sale el humo como de la pipa de un Dios. La cabeza y la carne son las de un Estremecedor de la Tierra. Jupka y Kaltsuna tuvieron razón en dirigir mis pies hacia esta maravilla».

El sheriff estrechó la mano de Ishi y dijo: «¡Buena suerte!» Ishi dijo: «¡Buena suerte!» y siguió al Majapa al interior del tren. Casi al mismo tiempo que se sentaron, el Monstruo comenzó a tirar del tren, lentamente, luego más deprisa cada vez, hacia el Sueño cada vez más profundo del Mundo de los Saldu.

El chu-cu-chú de las ruedas rodando sobre los raíles se adaptaba a una vieja canción Yahi que Ishi acostumbraba a cantar con su arco:

Yahina-weh,
Yahina-ini,
Yahina-weh,
Yahina-ini.

La cantó sin pronunciarla, para sus adentros; le ayudaba a mirar más allá de los pasajeros del tren que estaban pendientes de su pelo quemado y de sus pies desnudos.

Ishi miró por la ventana. El gran valle, del que él había visto estrechas panorámicas desde la Roca Negra y desde el Punto de Observación, se extendía por todas partes. Se le cortó la respiración del asombro.

El Gran Valle es más grande que la mayor de las praderas. No uno, sino muchos ríos atraviesan trazando vueltas y curvas. Las encinas crecen altas y cargadas de bellotas. ¡Y las hierbas cubren la tierra! En un tiempo, el Pueblo del Valle y los ciervos del Valle engordaban aquí y había gran cantidad de ellos. Ahora engordan los saldu y sus vacas. ¡Muchos saldu! Están en todas partes... ¡demasiados saldu!

¡Yahina-weh, Yahina-ini! Los postes de telégrafos corrían al ritmo de la canción, al ritmo del chu-cu-chú de las ruedas. Las imágenes de la ventana cambiaban tan deprisa que casas, caballos, postes de telégrafos y personas se confundían y emborronaban unos a otros.

El Sol casi había terminado su viaje del día sobre el cielo cuando el Monstruo llegó a la confluencia de aguas en que dos ríos, el mayor de ellos el Daha, corrían juntos y se convertían en uno. Ishi olió el lejano olor salado del Océano Exterior. Él y el Majapa y los demás pasajeros salieron del Monstruo y montaron en una cosa que el Majapa llamaba el *ferryboat*.

El ferryboat *flota en las aguas de los ríos como una vez debió flotar el mundo recién pescado en el Océano Exterior.*

«¿Esto es el Océano Exterior?», preguntó Ishi al Majapa.

«Esto es la bahía.» El Majapa señaló hacia el oeste, por encima del agua, hacia dos cabos. «Al otro lado de los cabos está el Océano Exterior.»

«Es mayor de lo que yo recuerdo. En mi Sueño, yo estaba nadando y no veía muchas cosas.»

Ishi y el Majapa se inclinaron sobre la barandilla para mirar el agua que rodaba, ola tras ola, por debajo y más allá del barco. El Sol pasó el borde de la tierra, hundiéndose en el océano. Ishi dijo: «Esta agua no es como el agua del Riachuelo de Banya».

«No, esta agua es salada.»

Ishi asintió. «El agua del Océano Exterior también es distinta de la sal de nuestras praderas.»

Entonces se produjo el gruñido estridente y breve de las gaviotas; el quejido confuso de las sirenas. Las plumas del Sol desaparecieron debajo de las aguas; las olas se volvieron de un verde negruzco conforme rodaban y rodaban entre los cabos y eran tragadas por el Océano Exterior.

¡Las olas verdes y negras, de piedra de cristal, del Waganupa! La montaña que era el centro del Mundo, los cañones y los riachuelos de la patria flotaban ante los ojos de Ishi, despertándole una nostalgia que lo aturdía. *Las olas de piedra de cristal se van para siempre, demasiado grandes, demasiado numerosas… ¡Su, su! Estar a salvo en la Cueva de los Antepasados, donde no hay ruidos, donde no hay claridad: un mundo muerto.*

Rígido de cansancio, Ishi siguió al Majapa, desembarcando y subiendo en un tranvía que los llevó lejos, muy lejos, por el interior de la Ciudad. El tranvía traqueteaba y daba tirones; no se acompasaba a ninguna canción que supiera Ishi. La Ciudad era un extraño lugar reluciente de estrellas caídas del Mundo Celeste, que iluminaban anchos senderos inacabables que se perdían a todo lo lejos que el ojo era capaz de ver.

Luego descendieron del tranvía y el Majapa cogió a Ishi del brazo, guiándolo por un gran tramo de escaleras de piedra. Delante de ellos había una pesada puerta. El Majapa sacó sus llaves y abrió la puerta de la casa de piedra.

«¿Esta es la Casa del Hombre de Pedernal?»

«Esto es el watgurwa-museo.»

El Majapa lo condujo por muchas salas y escaleras, encendiendo la luz conforme entraban en una sala y apagándola al salir. Al fin el Majapa dejó en el suelo el saco que llevaba.

«Esta es tu habitación.» Abrió las cortinas y destapó el cobertor de la cama. «Aquí está el armario de la ropa; aquí el cuarto de baño.»

Ayudó a Ishi a desnudarse y a meterse en la gran cama.

Le echó las mantas por encima. «¿Estarás bien?»

«Muy bien.»

«Mira, aquí está el conmutador. Para oscurecer la habitación, empuja el botón oscuro. Para iluminar, empuja el botón blanco. ¿Apago la luz por ti?»

«Apaga.»

«Volveré por la mañana. Que duermas bien; buenas noches.»

«Buenas noches.»

Cuando Ishi despertó, el Sol le daba de plano en la cara. Pensó que estaba en el Punto de Observación, pero luego vio que estaba en una habitación y tendido dentro de una cama. *¡La habitación de los barrotes! Pero aquí no hay barrotes y la manta que me cubre es suave como la capa de plumas de la Madre.*

Ishi salió de la cama y fue a la ventana. Debajo de él había una larga hilera de escalones de piedra que conducían a un terraplén de hierba. Más allá, una calle empinada con fachadas de casas, un bosque del que sólo veía las copas verdes de los árboles, y colinas desnudas y abruptas, y agua azul.

Le volvían recuerdos borrosos del Monstruo, del tranvía, del *ferry-boat*, de las gaviotas, de las sirenas de los barcos. *La Ciudad: esto es la ciudad, el watgurwa-museo. Pero ¿dónde está mi amigo?*

Vio sus ropas, echadas sobre una silla. Se vistió despacio. No era fácil vestirse. Al acabar de abotonarse el cuello de la camisa y de hacerse el nudo de la corbata, ya no podía seguir mirando la perspectiva de la ventana.

Aquí el mundo es demasiado grande. En este watgurwa estoy tan lejos del suelo como en la copa del pino gris de Wowunupo. Si salgo de esta habitación, estaré más perdido que cuando me descarrié del Sendero. Se encontraba mal, sintiendo tan sólo su soledad y su extrañeza. *¿Por qué no mantuvo Jupka mis pies en el Sendero?*

Hubo un golpe en la puerta; era el Majapa. *No da muestras de percibir mi miedo.*

Su amigo le preguntó si había dormido bien; si tenía hambre. «Es hora de desayunar», dijo.

Bajaron por un largo pasillo y unas escaleras hasta el comedor del museo, donde ya estaban reunidos varios hombres del museo alrededor de la mesa. Estrecharon la mano de Ishi y repitieron las palabras: «Bienvenido, bienvenido al museo.»

Ishi respondió: «¡Bienvenido, bienvenido!». Y uno de los hombres le pasó la mano por el hombro y le dijo: «¡Eso está bien, muy bien!»

De desayuno habia gachas de harina de avena. Preguntaron a Ishi si eran tan buenas como las gachas de bellotas. Él asintió educadamente. «Haxa, sí que es bueno con un poco de sal. La leche de vaca lo perjudica.» También había la bebida fangosa de los saldu, el café; y pan, tocino y huevos.

¿Tendrán que ir lejos para encontrar los nidos con los huevos? Quizá no fuese una pregunta educada.

Los hombres del museo no estuvieron pendientes del pelo ni de los pies desnudos. Sabían algunas palabras de Yahi y escuchaban atentamente cuando él hablaba. «Es como en los Viejos Tiempos, cuando mi abuelo se sentaba junto al hoyo del fuego de los vecinos; las personas hablaban amistosa y cortésmente en distintas lenguas», dijo Ishi al Majapa.

Los hombres del museo no me acosan; sus voces son tranquilas.

Después del desayuno, el Majapa llevó a Ishi a su despacho y luego a una sala donde había muchos arcos y flechas. Abrió las cajas donde estaban guardados los arcos e indicó a Ishi que podía cogerlos si quería. Uno por uno, Ishi fue examinando todos los arcos. Unos estaban hechos de enebro, o bien de otras maderas que él conocía; otros de maderas que le eran desconocidas. Palpó las empuñaduras y estuvo sopesándolos, y los sostuvo en posición de tensarlos y doblarlos. Algunos arcos eran muy viejos; Ishi comprendió que se partirían en caso de ser tensados y doblados. El Majapa le explicó que habían estado en cuevas o enterrados en la tierra durante muchas lunas.

Yo podría hacer que las flechas volaran con estos arcos. Pero no conozco los Pueblos que los fabricaron: algonquinos, comanches, navajos, dice el Majapa; y persas, escitas, macedonios; los nombres cantan como el canto de mi arco perdido. ¡Aii-ya! ¡Disparar el arco, volver a disparar el arco! ¡Ver mis flechas volando al salir de estos arcos de guerrero!

«Aquí no tienes ningún arco Yahi.»

«No he visto ninguno.»

«Son distintos de éstos. Yo podría hacerte un arco Yahi, pero no tengo herramientas.»

«Veremos. Tal vez encontremos herramientas.»

Hoy decimos más palabras que ayer. Las palabras en Yahi de mi amigo están a veces equivocadas. Pero él escucha cuando yo hablo. Y siempre hace nuevas huellas de pájaro en la corteza blanca que lleva en el bolsillo. Luego me repite las palabras, muchas veces, hasta que las dice a la verdadera manera Yahi. Es como cuando yo hago una hermosa punta de flecha, utilizando herramientas de tallar cada vez más pequeñas y más delicadas, de la misma forma que lo hubiera hecho Kaltsuna.

Ishi repetía una y otra vez los nombres saldu: tren, tranvía, coche, *ferryboat*. Escuchaba las conversaciones de los hombres del museo y pronto supo los nombres de los distintos alimentos que llegaban a la mesa del comedor del museo. Aprendió los nombres saldu de los muebles de aquella habitación: cama y silla, mesa y lámpara. Y aprendió el nombre de todas las personas que conocía, repitiéndolo y recordándolo. Estaba empezando a hablar la lengua de los saldu.

Un Kuwi, un Doctor, entró en la sala de los arcos con su joven hijo para conocer a Ishi. Eran amigos del Majapa. Ishi sonrió al muchacho, diciendo a su padre: «Es un guapo wanasi. ¿Va a ser cazador o tendrá poder sobre ciertos dolores?». El Doctor denegó con la cabeza. «¿Quién sabe?», dijo. «Es un soñador.»

«Aiku tsub. ¿Y qué quieres tú hacer?» se dirigió al muchacho.

El Majapa tradujo y, cuando lo hubo comprendido, el muchacho sonrió y dijo: «Quiero ser cazador. ¿Me enseñarás a hacer un arco y a dispararlo?».

«¡Haxa, haxa! ¡Sí, sí! Tú y yo seremos wanasi; cazaremos para este watgurwa-museo.»

El Majapa preguntó si el Kuwi podía examinar a Ishi para asegurarse de que no tenía ningún dolor, ninguna Mechi-Kuwi, ninguna enfermedad de Doctores del Diablo. Ishi asintió: «Haxa».

¿Tendrá este Kuwi saldu la destreza del Anciano de Tuliyani?

Pronto vio que el saldu era sabio en todo lo referente a la práctica médica. Le tomó el pulso y escuchó la entrada y la salida de su respiración, y le presionó en los lugares que están tiernos si el dolor ha penetrado de alguna forma en el cuerpo.

El Kuwi dijo que Ishi no tenía males. Le preguntó cómo trataban los Yahi las mordeduras de serpiente y los retortijones de estómago. Ishi se lo dijo y, a su vez, preguntó al Kuwi si tenía el poder de extraer dolores.

«Un poco de poder», dijo el Kuwi. «Como ves…» Cogió una fuerte medicina, del tamaño de una piña, que llevaba en una cápsula dentro de su bolsa negra. La colocó en la oreja derecha de Ishi y, un momento después, la arrancó de la axila izquierda de Ishi. Luego la dejó caer en sus propias manos. Había desaparecido. Le indicó a Ishi que se mirara el bolsillo y ¡allí estaba la medicina!

Ishi dijo: «Creo que tú tienes un gran dominio sobre tu medicina».

Salieron al exterior, donde el Majapa fumó su pipa e Ishi y el Kuwi fumaron cigarrillos. El humo era ligero y dulce, como el del tabaco sagrado; la corriente lo arrastraba hacia el Océano Exterior mientras hablaban de la caza con arco. Descendieron por las altas escaleras del museo, pasaron las filas de casas blancas, hasta el bosque que Ishi había visto desde la ventana y que los saldu llamaban parque. Allí había tranquilidad, con senderos que iban entre la maleza y estanques con patos, gansos y cisnes, y una colina sin vegetación con búfalos y antílopes.

Así transcurrió el primer día de Ishi en el watgurwa-museo. Después de comer, por la tarde, el Majapa pasó por la habitación de Ishi. Las pocas ropas de Ishi, su fardo de los tesoros y todos los demás objetos que poseía estaban cuidadosamente colocados en las estanterías. En la mesa había una tetera e Ishi y uno de los hombres del museo tomaban el té.

El Majapa señaló la habitación y todo lo que había a su alrededor. «Te gusta? Aizuna, es tuya.»

Ishi sonrió. «Wowi aizuna, wowi aizuna.» *Mi propio hogar.*

Se despidió del Majapa con la mano y volvió con su visitante, que le estaba hablando de la pesca en el Océano Exterior. Gran parte de la historia resultaba clara para Ishi. Del resto, sólo entendió alguna palabra suelta, pero sabía historias de pesca y estaba seguro de que esta era una buena historia. *Cuando sepa hablar más saldu, contaré a este hombre del museo una historia de pesca.*

Al día siguiente, Ishi dijo al Majapa: «Este watgurva es más grande que todo el poblado de Wowunupo».

«¿Me llevarás a visitar Wowunupo en la época del salmón de primavera?»

Ishi movió la cabeza negando. «Es un mundo muerto.»

«Yo creo que no está muerto. Tú te acuerdas de él y yo me acuerdo de él.»

¿Tiene este amigo un Sueño de Poder que lo lleva aguas arriba con el salmón? ¿Cómo, si no, puede acordarse del Mundo de los Yahi? A veces pienso que debería contarme su Sueño.

Al día siguiente, el Majapa llevó a Ishi a una sala donde había cestas y nada más que cestas. El Majapa dijo: «Estas cestas no proceden del otro lado del océano, como era el caso de algunos arcos. Todas son de Pueblos como el Yahi que vivían en la tierra antes de que llegaran los saldu».

Ishi asintió, dirigiéndose luego hacia las cestas, mirándolas estante por estante, fila por fila, hasta que llegó a una determinada fila, en la cual se detuvo.

«Estas cestas son de mi Pueblo.» Entonces habló casi en un susurro: «Pero ¿cómo tiene estas cestas el watgurwa-museo?». Señaló dos, situadas una junto a otra.

El Majapa miró las dos cestas. «Son de los Yahi, ¿no es cierto?»

«Estas cestas fueron hechas por mi prima. Ella las hizo en Wowunupo.» Ishi se sentó en un banco. Tenía las piernas débiles; el corazón le oprimía el pecho; en sus ojos se formaron lentamente lágrimas.

Éstas son las cestas de la Pequeña; pero este amable saldu, mi Amigo, no estaba entre los que fueron a Wowunupo. Yo les vi la cara; yo les oí la voz; él no era uno de ellos. ¿Cómo han llegado aquí estas cestas?

El Majapa había puesto las dos cestas a su lado sobre el banco; Ishi no las tocó. «Mi Amigo, tú hablas a veces como si hubieras estado alguna vez en el Mundo de los Yahi, yo no sé si en un viaje del Sueño o si despierto. ¿No fuiste tú quien encontró estas cestas?»

«¡No, no! Yo no he visto ninguna cesta en el Mundo de los Yahi… ¿Te acuerdas de los saldu que estuvieron en Wowunupo?»

«Haxa.»

«¿Hubo uno que habló con tu madre?»

«Haxa. Me acuerdo de ese.»

«¿No robó en Wowunupo?»

«No tocó nada. Habló a mi madre con cortesía.»

«¿Y regresó al día siguiente e intentó encontrar a tu madre?»

«Haxa.»

«Ese vino a la ciudad, al watgurwa-museo, a contarme que había descubierto vuestra aldea y que había allí una vieja enferma de las piernas. En cuanto me fue posible –no fue hasta finales de las lunas de calor, al cabo de mucho tiempo–, fui al Gran Valle y él y yo hicimos el camino juntos a Wowunupo. Durante el tiempo que dura una luna te estuvimos buscando… buscando a tu madre. No encontramos nada de nada… »

«¿Por qué queríais encontrarla?»

«Sabíamos que no podía estar sola y quienquiera que estuviese con ella estaría sin herramientas ni mantas… Esperábamos poder ayudar… Llegamos demasiado tarde…»

Los pensamientos de Ishi volvieron a los dos saldu de los que había huido nadando, después de la desaparición de la Madre, y al otro saldu que había visto de vez en cuando. *El Majapa no era ninguno de ellos. Debió de ir a Wowunupo mientras yo estaba buscando a los Perdidos en la Pradera Alta.*

Pero el Majapa hablaba: «Alguien del poblado del sheriff envió esas cestas al museo, hace dos lunas. Las puse con las otras cestas más parecidas… Aquí… Son tuyas…».

El Majapa levantó una de ellas y se puso a quitar la etiqueta del museo, pero Ishi lo detuvo, moviendo la mano con la palma hacia fuera, de un lado a otro. «Deje estar la marca del museo. Las cestas de mi prima forman parte de este watgurwa de tesoros.» Cogió la cesta que el Majapa le ofrecía y recogió la otra, llevándose las dos a la cara y oliéndolas. «¡Ahh! ¡Huelen a la cueva, a Wowunupo!» Siguió con el dedo el dibujo tejido en una de ellas. «Esto es pedúnculo de helecho. Se saca del Prado Redondo. Esto es flor de lis. La

Pequeña y yo la encontramos al otro lado del riachuelo, muy arriba… ¡Su! La Pequeña se convierte en parte del Mundo de los saldu, tanto como yo.»

El mismo día, más adelante, Ishi se acercó al Majapa con una pregunta. «Hablando de los dos saldu que no robaron en Wowunupo, tú que los conoces, ¿por qué no impidieron que los otros robaran?»

«Eso pregunté yo. Intentaron impedirlo, pero el Jefe no estaba dispuesto a hacer nada… Entre nosotros hay buenos y malos Jefes, como hay personas buenas y malas a las órdenes de los Jefes.»

«Eso me dijo mi tío hace mucho tiempo.»

«Los dos de que hablamos no siguieron trabajando para el Jefe después del día que intentaron encontrar a tu madre. Entre nosotros pasa lo mismo que entre los tuyos: quien no está de acuerdo con el Majapa debe irse del watgurwa.»

Era el día siguiente. El Majapa dijo: «Es el momento de ir al Océano Exterior».

De nuevo subieron al tranvía, pero el tranvía los llevó fuera de la ciudad, rodeando un alto risco que recordó a Ishi el Punto de Observación. El risco era uno de los cabos que el Majapa denominaba la Golden Gate (Puerta de Oro), donde los ríos desembocaban en el Océano Exterior. Y allí, debajo de ellos, siguiendo hacia el oeste todo lo que el ojo era capaz de ver y más allá aún, estaba el Océano Exterior.

Cerca de la costa había rocas negras donde dormían los leones marinos, o trepaban y se dejaban resbalar al agua. Sus ladridos y los graznidos de las gaviotas eran audibles por encima del rugido de las olas. Ishi y el Majapa bajaron por un declive que los condujo a la costa arenosa y húmeda, al Borde del Mundo.

El viento del mar les removía los cabellos y espolvoreaba de sal la boca y los ojos. Rieron y corrieron hacia las olas y, cuando las olas estaban a punto de caer sobre ellos, retrocedieron corriendo sobre la arena húmeda, alejándose. Una ola echó a la costa una concha blanca y perfecta; Ishi se paró para recogerla y pensó en su Sueño.

El Majapa e Ishi se sentaron en un madero traído por el mar y fumaron. No intentaron hablar por encima del ruido del océano. *Tal vez el Majapa esté en su Sueño como yo estoy en el mío.*

Antes de irse, el Majapa sacó harina de maíz de una bolsita de cuero. Sopló un poco de harina hacia la ola más próxima, que se la llevó mar adentro.

«Aprendí a hacer esta ofrenda de alguien como tú, que vive muy en el interior, pero que también guarda en su fardo de los tesoros conchas del Océano Exterior, y que a veces deja su casa del desierto para visitar el mar.»

«Es un buen presente. Desde este día ofreceré gachas de bellota al Océano Exterior si eso te parece bien.»

«Aiku tsub. Me parece bien, muy bien.»

Caminaron por la arena alejándose del mar, por una arena tan metida tierra adentro que estaba seca y caliente al pie. El pie de Ishi se hundió profundamente en la arena; a él se le cortó la respiración. Tuvo la sensación de que una llamarada le subía por el pie y la pierna hacia el vientre y el pecho, hasta la cabeza; cerró los ojos.

Ando con la Pequeña por las piedras calientes del suelo del cañón; vamos de camino hacia el Prado Redondo, a jugar a los Animales de la Pradera.

Abrió los ojos. *¡Su! Es con el Majapa con quien ando por las arenas del Borde del Mundo. El Océano Exterior me ha echado una concha como las conchas del collar de la Pequeña. Sus cestas están en mi habitación del watgurwa-museo. Y de este modo nuestros Sueños, el de la Pequeña y el mío, se acercan.*

Anduvieron alejándose del mar hasta el parque y atravesaron el parque, deteniéndose para ver los búfalos. Ishi preguntó: «¿Es cierto lo que dijo el hijo del Kuwi, de que los Pueblos como los Yahi en un tiempo tiraban a los búfalos con arcos y flechas, como nosotros tirábamos a los ciervos?»

El Majapa asintió: «Esos pueblos comían carne de búfalo y utilizaban los huesos y las pieles como vosotros utilizabais la carne, la piel y los huesos de los ciervos».

Ishi se quedó mirando los búfalos. «Cuando Maliwal aprenda a tirar el arco, tú, él y yo vendremos aquí y cazaremos búfalos, ¿eh?»

Anduvieron otra cierta distancia, hasta que Ishi se detuvo señalando hacia una colina. «¡Wowi! ¡Wowi aizuna!» Miraba y señalaba el watgurwa-museo, muy por encima de ellos.

Cuando hubieron subido la colina y los altos escalones de piedra, se dieron la vuelta para mirar el parque y recoger tantos lugares sobresalientes de su camino como se vieran. Ishi pasó su mano por la panorámica. «Hoy nosotros hemos recorrido todo vuestro Mundo.»

«Ahora también es tu mundo.»

«Haxa, sí. Tu Mundo y el mío.»

Llegó y se fue toda una luna y otra estaba desvaneciéndose. Ishi se sentaba en lo alto de los escalones del museo, mirando los árboles del parque y, más allá, los cabos de la Golden Gate, y sus pensamientos se dispersaban como solía ocurrirle cuando estaba en la Roca Negra.

Pensaba en el Sendero que había perdido y pensaba en Wowunupo. En Wowunupo vacío, saqueado. Wowunupo, con el fuego caliente en el hoyo del fuego y los Ancianos y la Pequeña sentados alrededor del fuego. Oía de nuevo el murmullo de sus voces. Pero entonces sus pensamientos tornaban al Majapa y a los hombres del museo; watgurwa-museo; al cigarrillo que estaba liando como le había enseñado el Majapa.

Iba de una habitación a otra del museo. Comenzaba a conocer este watgurwa como había conocido los almacenes y las viviendas de Wowunupo. Estudiaba los peinados de plumas, las polainas de piel de ciervo, la casa de las pieles de búfalo, las cajas de madera tallada, las máscaras, los postes totémicos, las cestas y todos los demás tesoros que se encontraban allí. Estas cosas eran nuevas para él, pero se daba cuenta de qué herramientas las habían moldeado; sabía cómo había empuñado la mano el instrumento.

Había salas donde se reparaban la cerámica y los objetos de vidrio y huesos rotos; donde se limpiaban los cueros y las pieles; donde se arreglaban los tesoros para mostrarlos a los hombres, las mujeres y los niños que llenaban el museo por las tardes. En una de estas salas de trabajo encontró un trozo de piedra de cristal, de vetas derechas y sin defecto, que había sido tirado. Había también algunas herramientas de tallar, no las mejores pero bastante buenas. Ishi hizo una almohadilla de tela de carreta para protegerse la mano del cristal y se puso a la obra. Aquella misma mañana, más tarde, fue al despacho y dejó una punta de flecha en la mesa del Majapa.

«Es un trabajo muy fino», dijo el Majapa, mirándolo a través de un vidrio amplificador. «¿Dónde la has encontrado?»

«Lo he hecho yo.»

«¿Dónde? ¿Cómo?»

«Ven. Te lo enseño.»

Fueron al taller. Ishi enseñó al Majapa el raspador de cuerno que había utilizado para hacer la punta de flecha. «Pero para hacer una cabeza de flecha valiosa para Waltsuna, utilizo un raspador más fino... Yo puedo hacer ese raspador... Yo puedo hacer puntas de flecha… un arpón… un arco como el que quiere Maliwal… Las buenas herramientas que estaban en los estantes de Wowunupo… Se podrían colocar en los estantes del watgurwa-museo… Si te parece.»

«Me gustaría mucho, muchísimo. Tú harás una habitación Yahi aquí, en el museo. Los visitantes verán un arco Yahi y un arpón Yahi. En tu habitación aprenderán algo del Mundo de los Yahi.»

Algunos de los materiales que Ishi necesitaba estaban ya en el museo. Muchas clases de madera, helechos, hierbas y tintes los encontró en el parque, o en los campos cercanos a la Ciudad. Él y Maliwal dieron largos paseos en tranvía a lugares apartados, regresando con buena madera de enebro o piedra de cristal. Y cuantas veces iban al campo los hombres del museo, al regresar traían algo de lo que Ishi había dicho que necesitaba. Los estantes de su cuarto comenzaron a tener el aspecto de los estantes de Wowunupo.

Un día Ishi levantó la cabeza de su trabajo; oía acercarse una carreta rápida. Por regla general eso significaba nuevos tesoros de algún lugar lejano; salió corriendo para abrir la puerta del sótano y ayudar a transportarlos en un gran barril. Escudriñaba quitando la tapadera del barril y, en el momento en que llegó el Majapa, Ishi tenía muy adelantado el desempaquetamiento.

«Sí, en un tiempo fueron muy utilizados. Son antiguos, muy antiguos.»

«¿De qué Mundo proceden, Majapa?»

«Del Mundo de los Griegos, un lugar en algún sentido parecido al Mundo de los Yahi.»

«El Mundo de los Yahi no tiene cestas de barro.»

«No; quiero decir que el Mundo de los Griegos era plano como el Mundo de los Yahi y estaba rodeado por un Océano Exterior que era llamado el Río Océano… Había Dioses y Héroes, y el centro del Mundo de los Griegos era una montaña que se llamaba el Olimpo.»

Ishi cogió uno de los antiguos vasos griegos, manteniéndolo a la distancia del brazo extendido, y estudió los dibujos que llevaba pintados. «¡Aii-ya! ¡Aquí hay uno que dispara el arco!» Miró otro. «¡Aquí cazan! ¡Cazan un ciervo! Los wanasi griegos son fuertes; doblan el arco con la curvatura de la luna nueva. Saltan como salta el ciervo.»

Ishi colocó la vasija en un estante del armario al lado de las demás, cerró la puerta del armario y echó la llave, y arrastró el barril vacío al exterior. Luego siguió al Majapa a su despacho. En el despacho, Ishi preguntó: «¿Cómo se saben esas cosas si, como tú has dicho, el Mundo de los Griegos es un mundo de hace mucho tiempo?»

El Majapa cogió un libro de la biblioteca situado detrás de su mesa y, abriéndolo por una determinada página en la que había un dibujo, se lo enseñó a Ishi. «Aquí dice: "El Antiguo mundo Griego". Ahí ves el Mundo y el Río Océano que lo rodeaba por completo. Las palabras de esta página y de otras páginas cuentan la historia de los Dioses y los Héroes Griegos.»

«¿Tú puedes hacer un dibujo parecido a este?»

En un cuaderno de papel amarillo, el Majapa hizo un croquis de colinas, una montaña y arroyos. Señalando la montaña, dijo: «Esto es el Waganupa». Y señalando a los arroyos: «Esto es el Riachuelo de Yuna; aquí el Riachuelo de Banya; aquí el Río Daha». Escribió los nombres en su sitio. «¿Dónde está Wowunupo?»

Ishi estudió el dibujo. «Aquí.» Marcó un punto. El Majapa escribió el nombre debajo.

«Aquí está Gahma», dijo Ishi. Luego trazó una línea de puntos. «Este es el sendero de Tuliyani a Tres Lomas.» Hizo un pequeño semicírculo por la Roca Negra y otro mayor por la Cueva Verde. De nuevo el Majapa escribió los nombres y luego los leyó, señalándolos. «Daha, Wowunupo, Gahma.»

Ishi hizo un dibujo en otro trozo de papel amarillo, con las líneas de los límites, semicírculos para las aldeas y puntos en los senderos. El Majapa escribió los nombres tal y como él los decía. Era un dibujo-mapa del Mundo de los Yahi. Cuando estuvo acabado, Ishi preguntó: «¿Podrías tú contar la historia de los Ancianos? ¿Podrías tú hacer un libro?»

«Sí. Podría comenzar por tu dibujo-mapa. Tendría las palabras Yahi que tú me has dicho y tantas palabras como tú quieras decir.» Señaló la fila de cuadernos de apuntes de su mesa. «Muchas lunas después de que tú y yo hayamos viajado por el Sendero de los Muertos, quienes vivan en mundos lejanos podrán leer y saber cómo hablaba el Pueblo y quiénes eran sus Dioses y sus Héroes, y cuál era su Camino… si tú quieres.»

«Quiero. Aiku tsub. Yo hablaré la Lengua; tú escribirás mucho Yahi. Los Ancianos vivirán en el libro.»

Las lunas completaron el ciclo de las estaciones una vez, dos veces y otras dos veces más. Ishi se sentaba en el exterior del museo, en lo alto de los escalones de piedra, anudando una red de pescar hecha de fibra de asclepias, levantando la vista de su trabajo para mirar los barcos de pesca pintados con colores brillantes que regresaban del Océano Exterior con la captura de la madrugada.

El Kuwi se detuvo por un momento para ver lo que hacía y miró hacia los barcos de pesca. «Creo que hoy traerán salmón fresco», le dijo Ishi.

La gente pasaba por el malecón de abajo. Muchos de ellos saludaban a Ishi, «Buenos días», e Ishi les respondía con la mano y replicaba a sus palabras.

El Majapa salió y se sentó a su lado. «Esta es la cuarta repetición del día en que llegaste por primera vez al watgurwa-museo», le dijo.

«¡Su, su! Ese día parece estar tan lejos como los días de Tuliyani.»

«Me gustaría ver Tuliyani y el Cañón del Yuna.»

«¿Todavía lo deseas?»

«Sí. Tu Sueño te ha traído al Borde del Mundo. Pero yo nací en el borde del mundo y mi sueño me lleva aguas arriba, hacia los riachuelos y las colinas… Yo estuve tierra adentro una vez, en un lugar donde me hice amigo de unos Ancianos que me enseñaron lo que recordaban de la Lengua de sus Abuelos. Esa lengua se parecía bastante a la lengua que tú y yo hablamos juntos cuando nos conocimos, ¿te acuerdas?»

Ishi sonrió. «Me acuerdo muy bien, Majapa.»

«Yo hice el viaje despierto cuando estuve buscándote en el Cañón de Banya y fui a Wowunupo; pero sólo en mis sueños he estado en la cima del Waganupa y en el fondo de la garganta del Cañón de Yuna.»

«Eres joven, Majapa. El Sueño necesita su tiempo.»

«Su, es bueno soñar.» El Majapa sacó un saquito y papel del bolsillo, lio dos cigarrillos y dio uno a Ishi. Ishi dejó a un lado su trabajo para encender una cerilla. Prendió los dos cigarrillos y observó cómo se consumía la cerilla.

«Este encendido rápido de la punta de un palito es la mejor magia de los saldu.»

«A veces me parece que es magia de coyote: mala.»

Ishi miró al Majapa para ver si estaba haciendo un chiste: no era así. Ishi dijo: «Hablo con la experiencia de quien ha conocido lo que es encontrar frío el hoyo del fuego y estar sin taladro para hacer fuego… pero tú, Majapa, ¿quizá estás pensando que los palos de fuego también son de encendido rápido?»

«Haxa, sí. Los palos de fuego y todas las demás cosas: cañones, armas de fuego, guerras.» A continuación hubo un silencio entre ellos.

Luego Ishi preguntó: «La guerra que hay ahora Al-Otro-Lado-del-Océano, ¿vendrá a este mundo?».

«Tal vez no, no esta vez. Pero nosotros cruzaremos el mar para ir a luchar en esa guerra. O eso creo yo.»

«¿Iras tú, Majapa? Pero tú eres un hombre de paz. Tiras al blanco y das en el ojo del toro, disparas mejor que el hijo del Kuwi y que yo. Sin embargo, tú no irías con nosotros ni siquiera a tirar contra un conejo para la comida.»

«Sí soy un hombre de paz. Pero no habrá posibilidad de elegir.»

«Cuéntame, Majapa, ¿por qué razones hacen los Pueblos la guerra entre ellos?»

El Majapa contó a Ishi algunos de los acontecimientos que condujeron a la Guerra Mundial. Ishi escuchaba con atención y, al final, asintió con la cabeza. «El país Bélgica es como el Mundo de los Yahi cuando aparecieron los saldu entre el Pueblo», dijo Ishi. «Pero no toda la gente de Bélgica morirá como murieron los Yahi, puesto que algunos de sus vecinos lucharán contra ellos.»

«Aun así, no bastará: el enemigo es poderoso.»

«Entonces, ¿tú lucharás contra ese enemigo?»

«Haxa… Pero ahora tenemos que trabajar, ¿eh?»

Pasaron adentro, el Majapa a su despacho, Ishi a su esquina de trabajar, donde extendió la tela de carreta para recoger el cristal que iba rascando para hacer una punta de flecha, y las virutas de hacer arcos y flechas. Los arcos y las flechas Yahi, las redes de pescar y otros muchos instrumentos estaban ahora en la estantería inmediata a la de las cestas de la Pequeña.

«Los estantes se llenan igual que tus cuadernos», decía a veces Ishi al Majapa, cuando este se sentaba con él en la tela de carreta, observándolo hacer y describiéndolo todo lo bien que le era posible en sus cuadernos. Muchas veces interrumpían el trabajo cuando Ishi repetía las palabras Yahi correspondientes a lo que estuviera haciendo, y el Majapá las decía hasta que ambos quedaban satisfechos.

Pero hoy el trabajo no lo retuvo mucho tiempo. La gente –los visitantes del museo– se acercaban y se detenían. Por regla general, le gustaba hablarles, preguntarles, si se mostraban interesados y amigables, y los invitaba a sentarse un rato a su lado. Pero la conversación sobre la guerra hacía que estos saldu extraños resultaran enemigos para Ishi; sus enemigos y los del Majapa. Dio una sacudida a su tela de carreta, la dobló y se fue a la calle. No solía salir del museo solo, pero hoy se fue por su cuenta al Océano Exterior.

Allí, el viento llevaba la niebla sobre la arena y el mar en forma de corriente blanca y fría. Las sirenas gemían como el somorgujo en las praderas. Ishi se erguía solitario sobre la arena húmeda del Borde del Mundo, de cara al viento y la niebla, pensando en el Majapa, en la guerra, mientras las olas frías corrían alrededor de sus pies desnudos y dejaban el regalo de una concha blanca.

Ishi recogió la concha, echándola en su fardo de los tesoros. Cogió un puñado de harina de maíz y la aventó en un amplio arco sobre las olas a sus pies. Mientras la observaba desperdigarse, tranquilamente sobre el agua, pronunció una plegaria:

¡Suwa!
¡Es el Viejo Diablo una vez más!
¡La Violencia y la Muerte y el Miedo y el Odio!
¡Que el enemigo que destruiría el Camino
Sea él destruido
Que vaya bajo la tierra y sea arrastrado
Hacia el Océano de Resina Negra!
Que la harina de maíz
Extendiéndose, extendiéndose
Traspase su fuerza
A los Seguidores del Camino
Tranquilizando los corazones de los hombres
Como aquieta las olas
del Océano Exterior. ¡Suwa!

Con el corazón apaciguado, Ishi dio media vuelta, alejándose del mar, y regresó al museo. Ahora, la tela de carreta volvía a ser una vez más un buen sitio para sentarse y trabajar. Y las personas que se acercaban a hablarle ya no eran enemigos; era buena gente, gente que sonreía al hablar él, que tomaban asiento a su lado en la tela de carreta, aprendiendo lo que hacía, contándole cosas sobre lo que ellos hacían y pensaban.

Varias veces a la semana, mientras Ishi trabajaba o cuando salía del museo, el hijo del Kuwi lo acompañaba. Fue Ishi quien le dio nombre, Maliwal, Joven Lobo. Para el Joven Lobo, Ishi era el Hermano Mayor. Juntos hicieron un arco, flechas y una aljaba. Maliwal aprendía a tirar con el arco en el parque, donde Ishi colocaba blancos, unos en tierra, otros a la altura del hombro y otros en alto. Los colocaba para tirar de cerca y para hacerlo de lejos.

Maliwal fue ganando habilidad con el arco; aprendió a convocar la caza; se movía en silencio por la maleza y sobre la tierra áspera, con los pies desnudos. Cuando fue capaz de hacer todas estas cosas y supo seguir el rastro de los distintos habitantes de la maleza, y pudo comenzar a decir, por el olor de la tierra, qué se encontraría allí y qué clase de cuadrúpedos la habían hollado recientemente, entonces fueron más allá del parque. A veces cogían mantas y pasaban la noche al aire libre. Su cena consistía en pescado de rompiente, si estaban cerca del mar, o en pescado de agua dulce, si estaban junto a una corriente de agua dulce, o en guiso de ardilla, conejo o codorniz asada, si estaban adentro.

Maliwal e Ishi no consideraban estas ocasiones que pasaban juntos como juegos ni bromas, aun siendo felices y por mucho que les gustara lo que hacían. Maliwal se tomaba demasiado en serio el aprendizaje de todo lo que pudiera enseñarle el Hermano Mayor; y para Ishi, la significación iba más allá de lo que hacían.

El wanasi delgado me ve como el Anciano, el Sabio, como yo vi en su tiempo al Tío Mayor. Y, cuando tira con su arco, la flecha va más allá del blanco, desde este Mundo del Monstruo hasta el Antiguo Mundo de los Yahi. El arco de la flecha hace que los dos Mundos se acerquen.

A veces, cuando Maliwal había estado con él, y luego le decía adiós por esta vez, una terrible añoranza se apoderaba de Ishi. Anhelaba oír la voz suave de Tushi, porque Maliwal por unos instantes se la había acercado; necesitaba sentir que ella se movía sin ruido por la maleza a sus espaldas; que si se daba la vuelta, ella estaría allí, sonriéndole.

En otras ocasiones, Ishi salía del museo por la puerta trasera y, alejándose unos cuantos pasos del edificio, se perdía de vista en el Bosque de Sutro. El bosque comenzaba en la hondonada de la empinada colina situada detrás del museo, cubría la colina, continuaba por el otro lado, hacia el oeste, y sobre colinas más bajas, casi hasta el Océano Exterior, donde los árboles se aclaraban y ocupaban su lugar las dunas de arena, desnudas y sin árboles.

Los árboles del bosque eran viejos eucaliptos, de un verde grisoso, que se acercaban más al Mundo Celeste que los pinos más altos. Ishi no había conocido árboles como aquellos. Se tendía en la tierra, observando cómo el viento llevaba sus hojas color pedernal en locas danzas circulares, y respiraba el aire procedente de ellos, cargado de perfume de hierbas como el del laurel y el del enebro juntos.

Ningún ruido de la Ciudad interrumpía la seca voz cascabeleante de las hojas al viento. Atravesaba el bosque un arroyo profundo y, en el fondo del arroyo, fluía una pequeña corriente alimentada por un manantial. En el arroyo vivían conejos, mofetas, ratas y zorros sueltos, pero no había ciervos.

Habiendo probado a masticar las hojas amargas y aceitosas, Ishi estaba seguro de que a los ciervos no les gustarían.

La Ciudad y los saldu han olvidado este lugar. Aquí, los cuadrúpedos y los pájaros me ven como una criatura del monte igual que ellos. No huyen de mí; nunca han oído un palo de fuego. Es un buen lugar y creo que no ha conocido ningún otro bípedo.

Una mañana soleada, su añoranza había llevado a Tushi al bosque. Estuvo sentado durante un rato junto a un estanque del arroyo. En el estanque vivían renacuajos, ranas y culebras de agua. Crecían nenúfares y los pájaros se acercaban a bañarse en el agua verde.

Ishi dejó el estanque y fue lentamente al arroyo. El arroyo tenía más pendiente y el agua chapoteaba suavemente sobre las rocas. No había ningún otro ruido. Un poco más lejos, crecían las cincoenramas y los juncos bajos, allí donde el manantial nacía de la ladera o de la colina.

Uno podría estar en estas rocas planas y beber del manantial sin mojarse los pies. Esta es la clase de lugar que le gustaba a la Pequeña. Ella decía: «Donde el agua sale fresca de la tierra, el agua es dulce con sabor a bulbos y a raíces de helecho». Ahora puedo verla allí, con un pie en cada piedra, doblándose por encima, bebiendo.

La muchachita que se agachaba para beber del manantial del arroyo no era la Pequeña de Ishi. Cuando se puso derecha, al cabo de su largo trago, vio que era una niña saldu de pelo rubio y ojos azules. Pero sus pies desnudos y los brazos, la cara y el cuello estaban tan morenos del sol como los de Ishi. Tenía el tamaño de la Pequeña cuando se le permitió por primera vez ir al Prado Redondo con Ishi, y también era delgada y de movimientos rápidos.

Cuando se alejaba del manantial y vio a Ishi, él le dirigió una sonrisa. Ella también sonrió, aceptándolo como hacían las demás criaturas del bosque. Ishi levantó la mano, con la palma hacia fuera y los dedos extendidos; ella comprendió esta señal de silencio. Él señaló hacia un helecho. Ella miró donde él indicaba y permaneció tan inmóvil como Ishi, mientras una serpiente verde se deslizaba por debajo del helecho sobre sus pies desnudos y el agua.

Ella e Ishi siguieron el decurso de la serpiente verde corriente abajo, hasta alcanzar el estanque, que atravesó, desapareciendo en la hierba de la otra orilla. Por debajo del estanque, la muchachita había comenzado a hacer una presa. Se la enseñó a Ishi y, juntos, trabajaron en ella. Ishi rajó una piedra plana que era demasiado grande para la presa y le enseñó cómo los castores echan barro en las hendiduras entre las rocas y los palitos.

El Sol estaba casi en la cima del cielo; era la hora del almuerzo. Anduvieron sendero abajo junto al riachuelo; luego Ishi se fue en dirección al museo y la muchachita por otro camino, hacia su casa. Mientras pudieron verse, estuvieron vueltos diciéndose adiós.

Después de este primer encuentro, Ishi y la muchachita se vieron muchas veces, siempre en el bosque. Ella era el único saldu que él hubo conocido que nunca le preguntó su nombre ni dónde vivía.

Ella cree que vivo en el bosque, como yo creo que ella debe de vivir allí.

Un día ella fue al museo, varias lunas después de que Ishi la hubiera conocido junto a la fuente. Él la vio y le sonrió, pero no intentó hablar con ella en el museo.

Creo que está con su padre y su madre. Ellos no hablan conmigo así que ella tampoco. Es tímida como un cervatillo al verme en el watgurwa, pero no se espanta cuando me ve en el bosque. ¡Suwa! Nosotros somos bípedos de la maleza, ella y yo. Nuestro lugar de conversación está en el arroyo y no aquí, entre tantos saldu.

La Pequeña era incluso más apacible que lo había sido Tushi. No hacía muchas preguntas y, por regla general, esperaba a que Ishi hablara. Ella podía decir: «Hay una familia de mofetas; ven, te la enseñaré». Se sentaba y permanecía inmóvil, como él cuando esperaba a que saliera un conejo del matorral. Las codornices iban a sus manos en cuenco con la misma falta de miedo que a las manos de Ishi.

Una vez anduvieron hasta el final del bosque y volvieron. Cuando estaban juntos, Ishi era quien decidía hasta dónde debían ir; él era quien abría camino. Ella le seguía detrás, como acostumbraba a seguirlo la Pequeña; y al igual que ella, a veces cotorreaba, pero hablaba en voz baja; y si él deseaba decir algo, ella se mantenía callada y escuchaba.

Un día, ella cogió una rama de un eucalipto joven, con las hojas curvadas, verde claras, y las arrastró por el agua donde les daba el sol.

«Quiero que lo veas», dijo a Ishi. «Son tan bonitas.»

Ella dijo bonitas como la Pequeña decía dambusa. Dice que son bonitas las flores y los insectos que corren por encima de este estanque verde, como acostumbraban a correr sobre el Prado Redondo.

Reunieron cápsulas de semillas de eucalipto, las más grandes y más gruesas que pudieron encontrar, e Ishi ató los casquetes a modo de cuentas con un cordel, haciéndose un collar. *Cuando esta Pequeña dice con su voz de matorral: «Son bonitas, son bonitas», entonces me parece como si la otra Pequeña estuviera muy cerca de mí. Dambusa. Dambusa.*

El mensajero fue al museo con un paquete para Ishi. «Firme aquí, por favor», dijo.

Ishi firmó en la línea en blanco de la lista amarilla: Ishi. Luego fue con el paquete sin abrir al despacho del Majapa. Suponía que era corteza de cedro, plumas o madera para flechas. *Sea lo que sea, los paquetes de tesoros que vienen de lugares lejanos tienen magia. Son como las conchas del Océano Exterior que llegaban a manos del Pueblo después de haber pasado por muchas manos en su ascenso por el Río Daha y por los riachuelos hasta las aldeas de Yuna y de Banya.*

Ishi sopesó el delicado paquete. *Tiene la longiud de mi brazo hasta la punta de los dedos... Mi nombre resulta extraño en letras cuadradas, distintas de como el Majapa me enseñó a hacerlas. ¿Qué puede haber en este paquete?... ¡Su! Estos nudos son difíciles de soltar, pero la cuerda es buena, no se debe inutilizar cortándola. Y el papel es bueno.*

Ishi enrolló la cuerda haciendo una bola y desplegó el envoltorio exterior y luego el interior. El tesoro quedó al descubierto sobre la mesa.

«¡Aaaah! ¡Su!» Ishi tocó con las yemas de los dedos la aljaba de piel de nutria. «¡Es mi aljaba de Wowunupo!» Dentro de la aljaba había otro paquete más pequeño. Lo abrió; era su viejo cuchillo de piedra de cristal en su vaina de piel de ardilla. Con el cuchillo había un trozo de papel escrito. Los ojos y el entendimiento de Ishi se nublaron; se dirigió al Majapa. «¿Gracias a qué magia me han llegado estas cosas?»

El Majapa movió la cabeza de un lado a otro. Ishi le entregó el papel escrito. «¿Qué es lo que dice?»

El Majapa leyó en voz alta: «Estimado Señor Ishi: Durante mucho tiempo he sentido mi corazón inquieto porque estuviera usted sin su aljaba y su cuchillo. Así que se los envío al museo donde me han dicho que vive. Los he cuidado bien desde que me fueron entregados. Lo firma "Un amigo"».

Llamaron al Majapa; él devolvió el papel a Ishi, quien lo dobló y se lo metió en el bolsillo; luego se sentó, sosteniendo su tesoro, tocándolo.

El cuchillo y la aljaba no me llegan por casualidad. ¿Habrán metido Jupka o Kaltsuna la idea de enviármelos en la cabeza de los saldu?... ¿Y por qué este paquete me hace pensar en el sueño del Majapa?... No ha dicho nada del sueño desde que hablamos de la guerra.

El Majapa regresó mucho después. Ishi habló con cierto esfuerzo. «He esperado para hablar contigo... Nosotros, tú y Maliwal y yo podríamos ir al Mundo de los Yahi en la época del Año Nuevo... Si tú quieres... Podría enseñarte los lugares de los dibujos del mapa... Podríamos llevar este cuchillo, esta aljaba y los nuevos arcos y flechas que he hecho en el watgurwa-museo.»

Los panes y los paquetes para el viaje estaban preparados, esperando, en el watgurwa-museo. La luna fría del final del invierno envejeció y la nueva luna del trébol verde colgaba como un arco Yahi doblado del cielo vespertino, y luego se fue llenando y redondeando.

«Es el momento de ir», dijo Ishi. *Así comienza el Sueño. Pero hoy seguimos el Sueño del Majapa, lejos del Borde de la Tierra. Si es bueno o malo, eso no puedo saberlo. Está bien vivir el Sueño, pero los Ancianos pueden enfurecerse de que lleve a los saldu, incluso de que regrese a la tierra vacía...*

El Monstruo llevó a Ishi, el Majapa y Maliwal por el Gran Valle hasta el poblado saldu del borde de las colinas donde nacía el Riachuelo de Banya, y sale del final del cañón al valle. Allí cargaron en caballos los arcos, los arpones, las cestas, los paquetes y las mantas que habían llevado desde el watgurwa-museo. Fueron a caballo por las colinas y ascendieron por un sendero hasta arriba del Cañón de Banya. Era media tarde cuando llegaron al Riachuelo de los Tejones, cerca de la vieja cabaña de los saldu y de las encinas donde Ishi y la Pequeña habían recogido bellotas la mañana que los saldu comenzaron a trabajar en la zanja.

Los nuevos tréboles, una suave alfombra, recubrían las laderas de las colinas y los peñascos escabrosos del Mundo de los Yahi. En los prados y en los cañones, estaban en flor los ranúnculos y las margaritas, los altramuces y los lirios, las flores de lis y los trilios; la atmósfera era dulce del olor de los madroños, las azaleas y las manzanitas con sus flores blancas. E Ishi volvía a su casa.

Ishi estaba demasiado incómodo, demasiado inseguro de lo que les esperaba en el Mundo de los Yahi para preocuparse mucho de ir a caballo, pero se daba cuenta de que no le gustaba. Se sintió aliviado cuando desmontó y estuvo sobre sus propios pies; cuando se bajaron los paquetes de los caballos y se fueron los caballos y el arriero.

El Majapa preguntó: «¿Haremos aquí el fuego de campamento?».

«Podríamos…» La voz de Ishi se arrastraba insegura.

«¿Estás pensando en otro sitio?»

«Podríamos guardar en un escondrijo las cosas que no necesitamos para esta noche…» Ishi no dijo que estaba pensando en el escondrijo donde la Pequeña y él habían guardado bellotas. «Luego podríamos ir al Riachuelo de Banya, a Gahma.» *Si nos quedamos aquí, donde los saldu han hecho sus campamentos durante muchas lunas, ¿sabrán los Espíritus de los Antepasados que estos saldu, mis amigos, son distintos de los otros?*

«Hagamos eso», dijo el Majapa.

«Es un viaje difícil desde aquí a Gahma.»

«Pero cuando lleguemos a Gahma, estaremos donde comenzó tu vida…»

Ishi asintió. *Mi amigo es un verdadero Majapa sabio. Ningún mal puede surgir de traerlo al Mundo de los Yahi.*

Así que, llevando solamente lo que necesitarían para la noche, los tres se deslizaron y arrastraron por la escarpada pared del cañón, entre manzanitas, chaparrales y zumaques, saliendo al Riachuelo de Banya a la altura de Gahma. Todo estaba llano, libre de matorral, alfombrado con una estera de tréboles verdes, las aguas profundas corriendo lentamente junto al arco de tierra en forma de luna creciente.

«Ahora comprendo por qué los Yahi llamaban a Gahma el Poblado Dambusa», dijo el Majapa.

Ishi hizo fuego con su taladro, escogiendo un sitio más abajo de las antiguas casas. Dentro del fuego, puso a calentar rocas del riachuelo. Mientras el fuego se consumía, él, el Majapa y Maliwal erigieron encima un burdo refugio. «Esto no es un watgurwa bien hecho, pero servirá», dijo Ishi. Luego, los tres se tendieron dentro del refugio. Desde el día que dejó el Mundo de los Yahi no había sentido Ishi la profunda vaciedad del baño de sudor del watgurwa, y Maliwal y el Majapa no la conocían hasta ahora.

Ishi se irguió y cantó las antiguas canciones rituales y recitó la Plegaria del Final. El pelo, las caras y los cuerpos desnudos de los bañistas estaban surcados de sudor; el sudor les caía por los hombros y por la punta de la nariz. Se metieron en las tranquilas aguas de Gahma y nadaron contracorriente y a favor de la corriente al volver. Luego se sentaron en la orilla mientras Ishi encendía una pipa de tabaco sagrado y expulsaba el humo al Mundo Celeste, al Mundo Subterráneo, y al Norte y al Oeste y al Este y al Sur: en todas las direcciones de la Tierra. Ishi dio al Majapa y a Maliwal tabaco en polvo para que lo echaran desde sus palmas planas y abiertas mientras él recitaba la Plegaria de la Purificación.

«¡Aiku tsub! Ha comenzado bien. Ahora descenderemos por el riachuelo.» Fueron hasta más abajo del tronco de aliso. Ishi indicó a los demás que lo esperasen mientras iba solo al lugar donde había encontrado las conchas de la Pequeña.

Está igual que la última vez que estuve aquí.

Volvió y cruzó por el tronco de aliso al refugio de pescar. Estaba igual que la última vez que lo había visto, purificado y vacío. Llamó al Majapa: «¡Ven, pescaremos!» Con los pies desnudos, el Majapa y Maliwal cruzaron corriendo por el resbaladizo tronco.

Ishi llevó a Maliwal donde pudiera coger un salmón desde la orilla. Él y el Majapa nadaron hasta la roca del centro del riachuelo. «Es mi antiguo puesto de pesca», dijo Ishi. «Quiero que coja el primer salmón aquí.»

Los salmones nadaban deprisa, río arriba, a contracorriente. El Majapa dio un buen golpe, arponeando uno de los peces sagrados de la primavera y el Año Nuevo, un salmón de escamas resplandecientes como la luz de la luna.

«¡Aiku tsub! ¡El pez sagrado ha ido a ti! ¡Los Espíritus no están enfadados ni temerosos de tenerte aquí!»

Dejando el arpón al Majapa, Ishi se metió dentro del riachuelo, hasta donde el agua era rápida y profunda, para coger un pez del Año Nuevo a la antigua manera, con las manos desnudas; para nadar, una vez más, como nada el salmón, con fuerza, aguas arriba.

Más tarde, asaron sus presas pinchadas en palitos, goteando la grasa en el fuego: chsss-chsss. Al comer dejaban las espinas sobre hojas para que se secaran delante del fuego, para ser molidas y comidas posteriormente, para poder participar de la fuerza del salmón.

Estaban sentados alrededor del fuego, hablando poco, Ishi y el Majapa fumando. Cuando se agregaba un tronco, Maliwal alejaba las espinas secas de salmón de la llama reavivada. En la oscuridad, murciélagos y vencejos batían el aire sin hacer ruido, cazando. La luna llena del Año Nuevo se elevaba sobre el Waganupa, convirtiendo el cañón en una mezcolanza de blancos y negros planos.

Había la inquietud que la luna llena procura a los cuadrúpedos; de las ramitas chasqueando entre la maleza; de una carrera secreta e invisible entre los árboles. En las ramas altas de un pino gris muerto se posaron unos buharros; estuvieron cambiando de lugar de reposo mucho después de para cuando habitualmente ya estaban dormidos. Había parloteo entre los pájaros pequeños y un nido de pájaros carpinteros verderoles se despertó y gritaba ¡yagka, yagka!

Del cañón brotaba un melancólico coro de palomas, búhos, sapos y ranas. El Majapa y Maliwal estaban tendidos junto al fuego y dormían. Ishi estaba completamente despierto, escuchando. La noche era clara como la noche que llevó a su amigo por el Cañón de Banya abajo; era como la noche que estuvo sentado junto a la Madre, con la mirada fija en la oscuridad, preguntándose si los Perdidos estarían a salvo en el refugio de pescar del otro lado del riachuelo.

Se puso en marcha: sabía lo que debía hacer. A la luz de la luna se movía con mayor rapidez que a la luz del día. A veces resbalaba, y se arañaba y golpeaba con matorrales espinosos y rocas cortantes, invisibles en la negrura de las sombras. Corriendo, siguió adelante y así llegó a la Cueva de los Antepasados. Dentro de la cueva, rezó y quemó tabaco en la lápida de piedra pulida bajo la que reposaban los Antepasados. La luna brillante de la primavera se había hundido tras el borde de la tierra antes de que Ishi saliera de la cueva, pero regresó con el corazón en paz.

Me parecía que el Espíritu de mi padre me exhalaba el aliento en la cueva, dejándome entender que todo estaba bien, que debo lanzar las flechas que hice en el watgurwa-museo; que debo cazar ciervos una vez más.

Ishi regresó a Gahma antes de que el Sol diera en los dormidos y los despertase.

Ishi, el Majapa y Maliwal construyeron en Gahma un refugio de verano con una techumbre de ramas y hojas de plátano para conseguir una leve penumbra. Cavaron un hoyo para el fuego donde guisaban, y sus comidas eran salmón, trucha, codorniz, bulbos de brodiaea, verduras frescas, bayas tempranas y ciruelas.

Yendo con los pies desnudos, el Majapa y Maliwal se movían sobre las colinas verdes y por entre el matorral con casi tanto silencio como Ishi. Sus voces, también, se hicieron más parecidas a la de Ishi, más próximas a la voz melodiosa del Pueblo. Cazaban con arco y pescaban con arpón y con red. Todos los días tomaban un baño de sudor y nadaban en el estanque profundo situado junto a Gahma. Por la noche se tendían bajo las estrellas brillantes, mientras Ishi contaba lo que recordaba de los cuentos de la Abuela sobre el Pueblo de las Estrellas; o bien el Majapa contaba historias de Estrellas de otros Pueblos. Cantaban canciones Yahi y Maliwal aprendió a bailar con Ishi la Danza del Joven Cazador.

Una noche dijo Ishi: «Hemos hecho un fuego tan grande como jamás lo haya hecho mi Pueblo, que yo recuerde. No se atrevían a dejar que las llamas se elevaran y se repitieran de arriba abajo en el agua. Eso hubiera indicado a los saldu dónde estábamos». Luego se rio. «Resulta raro decir los "saldu" en ese viejo sentido: los saldu, el enemigo. Los saldu: ¡mis amigos!»

Dijo el Majapa: «Una vez sentiste miedo de llegar a transformarte en un saldu. ¿Tú crees que si Maliwal y yo vivimos aquí durante el curso de las cuatro estaciones dejaremos de ser hombres blancos?».

Ishi estudió a sus amigos antes de responder. «¡Su! Tú, Majapa, ya fumas en la pipa de piedra y has aprendido mucha sabiduría. Tu piel y la piel de wanasi van adquiriendo el color de la corteza del madroño bajo el sol del cañón. El wanasi tira con el arco como yo tiraba cuando sólo llegaba a los adornos de la nariz del Tío Mayor, que estaban a la misma distancia del Cielo que ha crecido Maliwal.

»Pero… no debería haber pelo en la cara del Majapa. Tendrías que arrancarte todos los días esos pelos que crecen durante la noche. Y el pelo de la cabeza debería crecer largo. En cuanto a este Joven Lobo, creo que deberíamos utilizar tinte para su pelo sin color, o bien será como un ciervo blanco en medio de una manada de ciervos castaños.»

Ishi y Maliwal jugaban a los Animales de la Pradera; trepaban a rocas desnudas y verticales con ayuda de una cuerda; y saltaban sobre riscos para caer en los árboles cargados de hojas, deslizándose hasta el suelo sin peligro, como solían hacer Ishi y el Desasosegado. Maliwal se convirtió en un nadador capaz de ir contracorriente durante largas distancias. A veces, cuando la corriente era demasiado para él, se cogía a la brocha del pelo de Ishi, como en una ocasión hizo la Pequeña.

Maliwal no siempre iba con los otros dos, prefiriendo cazar solo durante un día, o bien ir a las colinas altas sin otro propósito que soñar. «Es la edad de comenzar a soñar», dijo Ishi, dejándole ir. *El Joven Lobo puede cuidarse solo. Quizás le venga un Sueño de Poder.*

Juntos, Ishi y el Majapa repitieron el viaje que Ishi había hecho cuando era joven, y fueron aún más allá de ese viaje, más allá de la Pradera Alta y de Bushki, a la Cueva del Sueño Blanco, a la cima del Waganupa, y descendieron hasta el fondo de la garganta del Cañón de Yuna. Viajaron de un lado a otro, por las tierras bajas y por las tierras altas del Mundo de los Yahi, y al final volvieron a Wowunupo.

La luna del Año Nuevo había venido y se había ido y otra luna había llegado a llena desde que los tres salieron del watgurwa-museo. Ishi se sentaba junto al Riachuelo de Banya en Gahma, al lado del arroyo de su casa. Arriba, en el saliente situado sobre él y oculto, estaba Wowunupo. Aguas abajo, el refugio donde él y la Madre pasaron las últimas lunas juntos. Ishi se sentaba a solas, pensando en su Madre, en la Pequeña y en su tío.

¡Aii-ya! De nuevo me siento junto a este arroyo y sueño con todo lo que existió y ya no existe.

Las sombras del final de la tarde se extendían sobre el riachuelo. El Majapa se acercó silenciosamente al cabo de un rato y se sentó junto a Ishi. Ishi llenó la pipa y pasó la bolsa de tabaco al Majapa. Fumaron en silencio, mientras el Riachuelo de Banya fluía y fluía, hacia el Daha y el Océano Exterior. El Majapa lanzaba guijarros planos que botaban en el agua. Ishi sonreía.

«Éstos son los cuadernos de notas», dijo el Majapa una vez que acabaron de fumar, las pipas habían sido vaciadas a golpes y devueltas a sus bolsas.

Un libro estaba lleno de conversaciones en Yahi. «Hemos dicho esas palabras tantas veces, de todas las maneras, que sé lo que quiere decir ese escrito.» Ishi hojeó el cuaderno de notas, murmurando algunas de las palabras escritas.

Otro cuaderno contenía los nombres de las plantas que utilizaban los Yahi, y de los cuadrúpedos y los pájaros y los peces de los Yahi. Había tres cuadernos de dibujos-mapas. Ishi los miró uno por uno. Sus viajes con el Majapa de una punta a otra de los Cañones del Banya y al Waganupa estaban señalados en un mapa; y las colinas y los promontorios, los riachuelos, las gargantas, las cascadas, y las cuevas y los prados del Mundo de los Yahi estaban en otro. Aún había otros que mostraban la situación de los vados; dónde estaban construidas las encañizadas para pescar; dónde se recogían bellotas, helechos y hierbas; dónde se cortaba la madera de enebro y la leña para los fuegos sagrados del watgurwa. Y había mapas con las aldeas donde había vivido Ishi y las antiguas aldeas donde habitó el Pueblo en la época anterior a la llegada de los saldu; con los lugares donde enterraban a sus muertos, donde bailaban y hacían las fiestas y donde cazaban.

Ishi cerró el último cuaderno. El Majapa dijo: «Se ha hecho mucho. No todo, pero una parte del Camino está aquí». Acarició los cuadernos de notas. «¿Te parece bien?»

«Bien, bien.» Ishi sonrió a su amigo. «Nosotros somos como Kaltsuna y Jupka, tú y yo. Nos sentamos en el Waganupa y decimos dónde están los poblados y cómo se debe hacer la caza y qué debe hablar el Pueblo.»

«¿Nos convertiremos nosotros en un pequeño lagarto y en una mariposa?»

«M'm'h-su. De ser así, yo seré el Lagarto, el hacedor de flechas, y tú la Mariposa, el hacedor de palabras.»

Hubo otro largo silencio antes de que el Majapa dijera: «Debo regresar al watgurwa-museo. Viéndote aquí sentado, junto al arroyo de tu casa, me pregunto si deseas quedarte». Ishi negó con la cabeza. «No, no deseo quedarme… Hace mucho tiempo te dije que este era un mundo muerto; tú dijiste que no estaba muerto, que tú y yo lo recordábamos. Entonces no estaba seguro de lo que querías decir… Pero aquí está muerto.» Ishi blandió el brazo en dirección al Waganupa y las colinas. «Aquí sólo hay los huesos muertos de los Yahi muertos. El Pueblo está en la Tierra de los Muertos, y en los cuadernos.

»Contigo es con quien hablo la Lengua. Tu Sueño, el mío y el de la Pequeña confluyen en el Borde del Mundo, que en parte es de los saldu y en parte de los Yahi.

»Estando aquí sentado, en Gahma, pienso en el watgurwa-museo, en mi sitio de trabajar. Hay muchas cosas que todavía no he hecho para la sala de los Yahi y muchas cosas que todavía no has escrito tú en los cuadernos.»

«Los cuadernos se llenan aquí deprisa, oh Hermano Mayor de Maliwal.» El Majapa en parte bromeaba, en parte estaba serio. «Y yo voy a perder Gahma.»

«¡Aii! Perderás Gahma. ¡También tú! Y Maliwal perderá Gahma. ¿Podemos decir que volveremos cuando podamos, nosotros tres?»

«¡Aika tsub!»

El Majapa e Ishi hablaron aquella noche hasta tarde, junto al último fuego. El Majapa dijo: «Nosotros hablamos aquí de los Antiguos Caminos, de los Viejos Tiempos. Pero, dime, amigo mío, ¿qué te parece el Mundo de los saldu, ahora que estás de nuevo, por espacio de dos lunas, en tu propio Mundo?»

Ishi cogió un palo, con el cual removió las cenizas del borde del fuego, haciendo un dibujo-mapa en las cenizas como los que había hecho en el papel del cuaderno. Finalmente, dejó caer el palo dentro del fuego y pasó el pie por el dibujo hecho de cenizas. «Tu pregunta no se puede contestar con una palabra… Hay muchos saldu, demasiados me digo a mí mismo a veces, cuando los veo apretujándose unos a otros por las calles y oigo sus voces desagradables, demasiado fuertes y pendencieras.

»Hay muchas clases de saldu. Los hay como tú y Maliwal y el Kuwi y mis demás amigos; por estos siento lo mismo que por mi Tío Mayor, que por el Desasosegado, que por mi Pueblo.

»Los Dioses de los saldu y los Héroes de los saldu están más allá de la comprensión de un Yahi. Son inteligentes, mucho más inteligentes que Jupka y Kaltsuna y que los Héroes de los Yahi. Dieron a su Pueblo ruedas, fuego-rápido y hierro y acero, fuertes para hacer herramientas; les dieron muchas, muchas cosas buenas... Pero, a mí me parece, no se preocuparon demasiado de que su Pueblo fuera sabio. Al parecer no establecieron un Camino –un Camino claro– para que lo siguieran los saldu.

»Esta es la razón de que, incluso si deseara quedarme en Gahma, deba regresar al watgurwa-musco. El Hermano Mayor debe estar cerca del Joven Lobo. El wanasi tiene ahora las ideas claras sobre el Camino. Lo sigue. Mi deseo es que no lo pierda ni lo olvide; que no sea arrojado a la duda y la confusión por quienes ya están dubitativos y confundidos.

»Y, por lo que a ti respecta, Majapa, mi corazón no está tranquilo. Si viene el mal de la guerra, yo deseo estar cerca del Océano Exterior hasta que el mal pase. Quiero aquietar las olas con harina de maíz, y el humo del tabaco sagrado te llegará a través del aire y dará vueltas a tu alrededor.

»Cuando vuelvas de la guerra, trabajaremos, tú y yo. Y volveremos otra vez a Gahma, unos días.

»Por lo demás, quiero envejecer en el watgurwa-museo. Allí, con mis amigos, es donde moriré.»

Ishi vivió muchas lunas, como un hombre del museo entre los hombres del museo. La muerte le llegó como él la deseaba: en el watgurwa-museo, junto a sus amigos. El Majapa y los hombres del museo liberaron su Espíritu siguiendo el viejo procedimiento Yahi. Y para eso cuidaron de que Ishi llevara consigo las cosas que un cazador Yahi debe llevarse del Mundo de los Vivos para el viaje hacia el oeste: su mejor arco y cinco buenas flechas; un cestito de harina de bellotas, suficiente para cinco días; y su fardo de los tesoros.

En este fardo estaban los trozos del sombrero de la Madre en Wowunupo, las conchas del collar de Tushi encontradas por Ishi en la ribera del Riachuelo de Banya, las conchas que él había recogido en el Borde del Mundo y unos cuantos fragmentos de su piedra de cristal favorita. Al cinto llevaba la pipa de piedra y su bolsa llena de tabaco sagrado.

Durante cinco días, el Majapa y Maliwal fueron al Océano Exterior a la puesta del sol. Allí, al Borde de la Tierra, lloraron por su amigo y esparcieron harina de bellotas sobre las olas y pronunciaron plegarias. Pero las lágrimas de Maliwal no tenían fin y el Majapa vio que debía ayudarlo. Recordó a Maliwal las palabras de Ishi: «Hay un viaje de cinco días de descenso por el Sendero de los Espíritus y, al final, está la Tierra de los Muertos Yahi, donde viven los Ancianos, los Antepasados. Tushi se reunirá conmigo allí y me llevará al hoyo del fuego de mi familia. Estarán el Abuelo y la Abuela, y el Tío Mayor y mi madre y mi padre. Nunca volveré a separarme de Tushi ni de mi padre».

A Maliwal le pareció que el propio Ishi estuviera a su lado, hablando con su voz melodiosa. Enjugó las lágrimas y, con el Majapa, se alejó del mar. Juntos anduvieron de vuelta por las húmedas arenas de la costa. El sol estaba debajo de la tierra, camino del este y del viaje del día siguiente por el Cielo. La arena ya no estaba húmeda bajo los pies. Llegaron al borde del parque. Sobre las copas de los árboles brillaba la nueva luna de primavera como un arco Yahi en completa tensión.

Glosario de términos yahi

aiku tsub: está bien; es bueno
aizuna: suyo, de usted; mío
auna: fuego
banya: ciervo
daana: bebé
Daha: gran río, el Sacramento
dumbusa: bonita, gentil
dawana: loco, salvaje
haxa: sí
¡hexai-sa!: ¡vete!, ¡fuera!
hildaga: estrella
hisi, Ishi: hombre
Jupka: nombre de un Dios; mariposa
Kaltsuna: nombre de un Dios; lagarto
kuwi: doctor, hechicero
mahde: enfermo
majapa: jefe
maliwal: lobo
marimi: mujer
Mechi-Kuwi: Doctor del Diablo
moocha: tabaco
nize ah Yahi: Yo soy del Pueblo
saldu: hombre blanco; hombres blancos
sigaga: codorniz
siwini: madera de pino

¡su!: ¡ah! ¡bien!
¡suwa!: ¡así es!
Tehna-Ishi: Muchacho Osezno
tetna: oso
Waganupa: Mount Lassen
wakara: luna llena
wanasi: joven cazador; cazadores
watgurwa: casa de los hombres
wowi: casa familiar
Wowunupo-mu-tetna: escondite del oso pardo
Yahi: el Pueblo
yuna: bellotas